সক্রিয় ধ্যানের রহস্য

(ওশোর প্রবচন অবলম্বনে)

স্বামী আনন্দ সত্যার্থী

ডায়মণ্ড বুক্স

www.diamondbooks.in

প্রকাশক : ডায়মণ্ড পকেট বুক্স (প্রা.) লি.
X - 30, ওখলা ইণ্ডাস্ট্রিয়াল এরিয়া, ফেজ - II,
নূতন দিল্লী - 110 020
ফোন : 011 - 40712200
ই-মেল : wecare@diamondbooks.in
ওয়েবসাইট : www.diamondbooks.in
সংস্করণ : 2026

Sakriya Dhyan Ke Rahasya

By - *Swami Anand Satyarthi*

ভূমিকা

এই উদ্বেগের যুগে একটি আশীর্বাদ: সক্রিয় ধ্যান

ওশো বলেন, "তুমি তোমার সবচেয়ে কাছের বন্ধুর সামনেও নিজের মন খুলে কথা বলতে পারো না, কারণ সেও তোমার সম্পর্কে বলবে, 'তাহলে তুমি একই কথা ভাবছো'। ফলস্বরূপ, তোমাকে সেটা ভেতরে লুকিয়ে রাখতে হবে।"

এর মানে হল আপনাকে এটা দমন করতে হবে। বিষণ্ণতা দমন ছাড়া আর কিছুই নয়। "দমন একটি রোগ। শৈশবে আমাদের দমন করতে হয়। এই দমনের ফলে অনেক রোগের জন্ম হয়।"

মনের উপর চাপ বাড়লে মন শরীরের উপর চাপ সৃষ্টি করে এবং শরীরে বিভিন্ন লক্ষণ দেখা দেয়, যেমন: কথা বলার সময় বা সিগারেট খাওয়ার সময় ঠোঁট নাড়াতে থাকা। যখন কেউ চেয়ারে বসে, তখন পা নাড়াতে থাকে। যখন চাপ বাড়ে, তখন বিভিন্ন চাপ-সম্পর্কিত রোগ, অনিদ্রা, ভুলে যাওয়া, হৃদরোগ, ডায়াবেটিস, ক্যান্সার, বিরক্তি, মাথাব্যথা, মাথা ঘোরা, পিঠে ব্যথা, কাঁধে ব্যথা, পক্ষাঘাত ইত্যাদি দেখা দেয়। এটি দমনের ফলাফল।

ওশোর লেখা "সক্রিয় ধ্যান" অনুশীলনের মাধ্যমে, প্রথমে আমাদের দমন, চাপা আবেগ থেকে মুক্ত হতে শেখানো হয়। আপনি চাপা আবেগ, উত্তেজনা, রাগ, অস্থিরতা এবং অন্যান্য শারীরিক যন্ত্রণা থেকে মুক্তি পাওয়ার প্রক্রিয়া শুরু করবেন।

আমি আশা করি আপনিও 'সক্রিয় ধ্যান'কে নিজের দৈনন্দিন জীবনের একটি অংশ করে এই উত্তেজনা এবং উত্তেজনাজনিত রোগ থেকে মুক্তি পেয়ে একটি আনন্দময় জীবনযাপনের দিকে এগিয়ে যাবেন।

- স্বামী আনন্দ সত্যার্থী

Email : swamianand.satyarthi@gmail.com

বিষয়বস্তু

সক্রিয় ধ্যানের গোপন রহস্য

ওশোর তৈরি সক্রিয় ধ্যান আশ্চর্যজনক, শক্তিশালী, দ্রুত ফলাফল প্রদানকারী এবং সম্পূর্ণ বৈজ্ঞানিক এবং এটাই সবচেয়ে গুরুত্বপূর্ণ বিষয়। এটি অনুমান করা যায় যে, ১৯৭৪ সাল থেকে পুনে আশ্রমের বুদ্ধ হলঘরে সকালে নিয়মিতভাবে এই ধ্যান করা হচ্ছে এবং বিশ্বজুড়ে ছড়িয়ে থাকা ওশো ধ্যান কেন্দ্র এবং ধ্যান শিবিরগুলিতে এটি বাধ্যতামূলকভাবে করার পরামর্শ দেওয়া হয়েছে। এই ধ্যান অনুশীলন আজকের মানসিক চাপগ্রস্ত এবং অস্থির মানুষের জন্য বিশেষভাবে উপকারী। এটি দমন এবং অবদমিত আকাঙ্ক্ষার কারণে সঞ্চিত চাপ থেকে শরীর এবং মনকে মুক্ত করে। এটি শরীর এবং মনের জট ভেঙে দেয় এবং সহজেই ধ্যানের দিকে পরিচালিত করে।

ধ্যান পদ্ধতি : এই ধ্যান সকালে মলত্যাগের পর খালি পেটে করা উচিত। আধ ঘন্টা আগে এক কাপ চা বা জল খেতে পারেন। ধ্যানের সময় চোখ সম্পূর্ণ বন্ধ রাখুন, চোখে ব্যান্ডেজ বেঁধে রাখা ভালো। ঢিলেঢালা পোশাক পরুন। মেরুন রঙের পোশাক বা আলখাল্লা পরে ধ্যান করা সুবিধাজনক। সম্ভব হলে ধ্যানের সময় এই পোশাকগুলি কেবল ধ্যান কক্ষে পরুন। স্নান করলে ভালো হয়, অন্যথায় স্নান না করেও করতে পারেন।

শরীরের অঙ্গ-প্রত্যঙ্গ, বিশেষ করে কাঁধ এবং হাত, শিথিল অবস্থায় থাকা উচিত, কোনও অংশে যেন টান অনুভূত না হয় এবং দাঁড়িয়ে এটি করবেন।

এই ধ্যান অনুশীলনের পাঁচটি ধাপ রয়েছে। প্রথম তিনটি ধাপ দশ মিনিটের এবং চতুর্থ এবং পঞ্চম ধাপ পনের মিনিটের।

এই ধ্যান অনুশীলন হল সংকল্পের একটি পরীক্ষা। অতএব, ধ্যানের আগে, মনে মনে তিনবার বলুন, "আমি সংকল্প করছি, আমি এই ধ্যানে নিজের সমস্ত শক্তি নিবেদন করব।"

আমাদের দৈনন্দিন কাজ আমরা দৈনন্দিন শক্তি দিয়েই করি। অভ্যন্তরীণ যাত্রায় যেতে হলে, আমাদের ভেতরের শক্তি জাগ্রত করার পদ্ধতি গ্রহণ করতে হবে। বুঝতে হবে যে যদি আমাদের জল উপরে তুলতে হয়, তাহলে আমাদের একটি মোটর ব্যবহার করতে হয়। একইভাবে, যৌন কেন্দ্র থেকে শক্তি (কুণ্ডলিনী) মুক্ত করে ব্রহ্মদ্বারে নিয়ে যাওয়ার জন্য, অতিরিক্ত শক্তি জাগ্রত করা প্রয়োজন। ওশোর লেখা সমস্ত ধ্যান অনুশীলনই শক্তি জাগ্রত করার অনুশীলন। এগুলি শরীর এবং মনের উপর বিভিন্ন উপায়ে কাজ করে। এর মধ্যে সবচেয়ে গুরুত্বপূর্ণ হল সক্রিয় ধ্যান, যাকে গতিশীল ধ্যানও বলা হয়। প্রতিটি পদক্ষেপের নিজস্ব গুরুত্ব রয়েছে। এখন আমরা প্রতিটি পদক্ষেপের গুরুত্ব বর্ণনা করব।

(এই ধ্যান অনুশীলনটি বিশেষ সঙ্গীতের মাধ্যমে করতে হবে, যার সিডি পাওয়া যায়)।

সক্রিয় ধ্যান পদ্ধতি :

'সক্রিয়-ধ্যান' একটি পরস্পরবিরোধী পদ্ধতি। 'সক্রিয়' অর্থ প্রচেষ্টা, প্রচুর প্রচেষ্টা, পূর্ণ প্রচেষ্টা। আর ধ্যানের অর্থ নীরবতা, প্রচেষ্টাহীনতা, নিষ্ক্রিয়তা। আপনি এই ধ্যান পদ্ধতিকে একটি দ্বান্দ্বিক পদ্ধতি বলতে পারেন।

প্রথম পর্যায় : দশ মিনিট নাক দিয়ে দ্রুত শ্বাস-প্রশ্বাস নিন এবং ছাড়ুন। নিঃশ্বাস এবং প্রশ্বাস উভয়কেই জোর দিন এবং এলোমেলোভাবে ছেড়ে দিন। শ্বাস-প্রশ্বাস ফুসফুসের গভীরে যেতে হবে। শ্বাস-প্রশ্বাসের গতি বাড়ান, তবে নিশ্চিত করুন যে শ্বাস-প্রশ্বাস যেন গভীর থাকে। যতক্ষণ সম্ভব এটি করুন - আপনার শরীরকে টানটান করবেন না এবং নিশ্চিত করুন যে আপনার কাঁধ এবং গলা শিথিল রয়েছে। যতক্ষণ না আপনি কেবল শ্বাস নিচ্ছেন ততক্ষণ শ্বাস-প্রশ্বাস চালিয়ে যান। শ্বাস-প্রশ্বাস বিশৃঙ্খল এবং এলোমেলো হতে দিন, অর্থাৎ এটি ছন্দবদ্ধ নয় বা কোনও পূর্বনির্ধারিত নিয়মের উপর ভিত্তি করে নয়। একবার আপনার শক্তি প্রবাহিত হয়ে গেলে, এটি আপনার শরীরকে নড়াচড়া দেবে। এই শারীরিক নড়াচড়াগুলিকে ঘটতে দিন, এগুলিকে আরও শক্তি তৈরি করতে সাহায্য করতে দিন। আপনার হাত এবং শরীরকে স্বাভাবিকভাবে নড়াচড়া করতে দিন যাতে তারা শক্তি

বৃদ্ধিতে সহায়তা করতে পারে। শক্তি বৃদ্ধি অনুভব করুন। প্রথম পর্যায়ে নিজেকে শিথিল হতে দেবেন না এবং অনুশীলনকে একটুও ধীর হতে দেবেন না।

দ্বিতীয় ধাপ : দশ মিনিট

আপনার শরীরকে অনুসরণ করুন। আপনার শরীরকে যা ইচ্ছে প্রকাশ করার স্বাধীনতা দিন...বিস্ফোরিত হন...আপনার শরীরকে আধিপত্য করতে দিন। ভেতর থেকে যা বের করে দিতে চান, তা বের করে দিয়ে আরাম করুন। সম্পূর্ণ পাগল হয়ে যান...গান করুন, চিৎকার করুন, হাসুন, চিৎকার করুন, কাঁদুন, লাফ দিন, কাঁপুন, নাচুন, আপনার হাত ও পা নাড়ান এবং শরীরকে সব দিকে চলতে দিন। শুরুতে এই গুলি অভিনয় প্রক্রিয়াটিকে সক্রিয় করতে সাহায্য করে। যা ঘটছে তাতে আপনার মনকে হস্তক্ষেপ করতে দেবেন না। মনে রাখবেন যে আপনি আপনার পুরো শরীরকে নিয়ে নড়াচড়া করছেন।

তৃতীয় ধাপ: দশ মিনিট

কাঁধ এবং ঘাড় শিথিল রেখে, আপনার উভয় হাত সম্পূর্ণভাবে প্রসারিত করে, কনুই বাঁকিয়ে তুলুন। উভয় হাত উপরে তুলতে হবে। হু!...হু! জোরে জোরে মন্ত্র জপ করার সময় বারবার উপরে এবং নীচে লাফিয়ে উঠুন। হু যতটা সম্ভব গভীরভাবে উচ্চারণ করা উচিত এবং আপনার নাভি থেকে সেই আওয়াজ নির্গত হওয়া উচিত। প্রতিবার যখন আপনি নীচে আসবেন, তখন পায়ের তলা এবং গোড়ালি মাটিতে আলতো করে স্পর্শ করতে দিন এবং একই সাথে 'হু' এর জোরে শব্দ যৌন কেন্দ্রে গভীরভাবে আঘাত করতে দিন। এই ধাপে আপনার সমস্ত শক্তি ব্যবহার করুন, কোনও শক্তিই পিছনে রাখবেন না।

চতুর্থ ধাপ : পনের মিনিট

থামুন। আপনি যেখানেই থাকুন না কেন, যেভাবেই থাকুন না কেন, একেবারে স্থির থাকুন। শরীরকে একেবারেই নড়াচড়া করতে দেবেন না। সামান্যতম কাশি, সামান্যতম নড়াচড়া, যেকোনও উত্তেজনা, শক্তি নিঃশেষ করে দেবে এবং এখনও পর্যন্ত করা সমস্ত কঠোর পরিশ্রম নষ্ট করে দেবে। আপনার সাথে যা ঘটছে তার সাক্ষী থাকুন।

পঞ্চম ধাপ : পনেরো মিনিট

আনন্দ করুন। সঙ্গীত এবং নৃত্যের মাধ্যমে আপনার ভেতরের বিস্ময় প্রকাশ করুন। এর ফলে আপনার সারাটা দিন সজীব হয়ে উঠবে।

গতিশীল ধ্যানের প্রথম ধাপে আপনি আপনার শ্বাস-প্রশ্বাসের উপর, আপনার জীবনীশক্তির উপর কাজ করছেন। শ্বাসই জীবন। প্রথম ধাপে আপনি আপনার জীবনের উপর কাজ করছেন। আপনি আপনার শ্বাস-প্রশ্বাসের ধরণ বদলে ফেলছেন। বিশৃঙ্খল শ্বাস-প্রশ্বাসের মাধ্যমে আপনি আপনার সুশৃঙ্খল শ্বাস-প্রশ্বাসের ধরণ ধ্বংস করছেন, এবং যদি আপনি আপনার শ্বাস-প্রশ্বাসের ধরণ ধ্বংস করেন, তাহলে আপনার শরীরের অন্যান্য সমস্ত কাঠামো শিথিল হয়ে যাবে।

সক্রিয় ধ্যানের ক্ষেত্রে আমার পদ্ধতির দ্বিতীয় ধাপ হল ক্যাথারসিস। আমি আপনাকে সচেতনভাবে পাগল হতে বলছি। আপনার মনে যা আসে - যাই হোক না কেন - নিজেকে তা প্রকাশ করতে দিন, তার সাথে সহযোগিতা করুন। কোনও প্রতিরোধ নেই - আবেগ একটি স্বাভাবিক প্রবাহ।

যদি আপনার চিৎকার করতে ইচ্ছে হয়, চিৎকার করুন। নিজের সাথে সহযোগিতা করুন। একটি গভীর চিৎকার, একটি সম্পূর্ণ চিৎকার যার সাথে আপনার সমগ্র সত্তা জড়িয়ে আছে - এটি খুবই স্বাস্থ্যকর, এটি গভীরভাবে থেরাপিউটিক। এই সম্পূর্ণ চিৎকারের সাথেই অনেক কিছু, অনেক রোগ বিলীন হয়ে যাবে। যদি চিৎকার সম্পূর্ণ হয়, তাহলে আপনার সমগ্র সত্তা এতে জড়িয়ে থাকবে।

তাই দশ মিনিটের জন্য, চিৎকার করুন, চিৎকার করে কাঁদুন, হাসুন, নাচুন, লাফান, বিভিন্ন উপায়ে নিজেকে প্রকাশ করুন। কয়েক দিনের মধ্যে আপনি এর অনুভূতি লাভ করবেন।

শুরুতে এটা জোর করে করা হতে পারে, এমনকি একটা প্রচেষ্টা বা একটা কাজও। আমরা এতটাই কৃত্রিম হয়ে গিয়েছি যে আমাদের কাছ থেকে কিছুই খাঁটি বা বাস্তব লাভ করাটা খুবই কষ্টকর। আমরা মন খুলে হাসিনি, কাঁদিনি, আমরা খাঁটিভাবে চিৎকার করিনি। সবকিছুই কেবল একটা প্রদর্শন, একটা মুখোশ। তাই যখন আপনি এই পদ্ধতি অনুশীলন শুরু করবেন - প্রথমে এটা জোর করে করা হবে। প্রচেষ্টার প্রয়োজন হতে পারে, এটা একটা কাজও হতে পারে। এটা নিয়ে চিন্তা করবেন না। পরীক্ষা চালিয়ে যান। শীঘ্রই আপনি সেই উৎসগুলিকে স্পর্শ করবেন যেখানে আপনি অনেক কিছু দমন করেছেন। আপনি

সেই উৎসগুলির সাথে যোগাযোগ করবেন এবং একবার তারা বেরিয়ে আসার পর আপনি স্বস্তি বোধ করবেন। আপনার মধ্যে একটি নতুন জীবনশক্তি আসবে, একটি নতুন জন্ম ঘটবে।

এই ভারমুক্তি মৌলিক এবং এটি ছাড়া, মানুষ যেমন আছে, তেমন ভাবেই ধ্যান করা অসম্ভব। আমি ব্যতিক্রমের কথা বলছি না। এগুলি অপ্রাসঙ্গিক। এই দ্বিতীয় পর্যায়ে, যখন অবদমিত আবেগগুলি বাইরে ফেলে দেওয়া হয়, তখন আপনি শূন্য হয়ে যান এবং শূন্য হওয়ার অর্থ এটাই: সমস্ত দমন-পীড়ন থেকে শূন্য। এই শূন্যতার মধ্যে কিছু করা যেতে পারে। রূপান্তর ঘটতে পারে: ধ্যান করা যেতে পারে।

তারপর তৃতীয় পর্যায়ে আমি 'হু' শব্দ ব্যবহার করেছি। যদি আপনি জোরে 'হু' বলেন, তাহলে তা আপনার যৌন কেন্দ্রের গভীরে প্রবেশ করে। তাই এই শব্দ আপনার ভেতরে আঘাত করার জন্য ব্যবহৃত হয়েছে। যখন আপনি জোরে 'হু' বলেন, তখন তা আপনার যৌন কেন্দ্রের গভীরে প্রবেশ করে। তাই এই শব্দ ভেতরে আঘাত করার জন্য ব্যবহৃত হয়েছে। যখন আপনি শূন্য এবং রিক্ত হয়ে যাবেন, তখন এই শব্দ আপনার ভেতরে চলাচল করতে পারবে।

তৃতীয় পর্যায়ে (দশ মিনিটের জন্য) এই 'হু' শব্দ ব্যবহার করা উচিত - যত জোরে সম্ভব, আপনার সমস্ত শক্তি এতে নিক্ষেপ করুন, এই শব্দ দিয়ে আপনার শক্তিকে আঘাত করুন এবং যখন আপনি দ্বিতীয় পর্যায়ের এই ক্যাথারসিস দ্বারা শূন্য হয়ে যাবেন, তখন 'হু' শব্দ আপনার ভেতরে গভীরে প্রবেশ করে আপনার যৌন কেন্দ্রে আঘাত করবে এবং যখন যৌন কেন্দ্রটি ভেতর থেকে আহত হবে, তখন শক্তি ভেতরে প্রবাহিত হতে শুরু করবে। এখন এটি বাইরের দিকে প্রবাহিত হচ্ছে, তারপর এটি ভেতরে প্রবাহিত হতে শুরু করবে। এখন এটি নীচের দিকে প্রবাহিত হচ্ছে, তারপর এটি ভিতরে প্রবাহিত হতে শুরু করবে। এখন এটি নীচের দিকে প্রবাহিত হচ্ছে, কিন্তু তারপর এটি উপরের দিকে প্রবাহিত হতে শুরু করবে। শক্তির এই ঊর্ধ্বমুখী গতিকে কুণ্ডলিনী বলা হয়। আপনি আসলে মেরুদণ্ডে এর প্রবাহ অনুভব করতে পারবেন এবং এটি যত উপরে গভীর ভাবে প্রবাহিত হবে, আপনি তত উপরে এর সাথে সাথে এগিয়ে যাবেন। যখন এই শক্তি

ব্রহ্মরন্ধ্র - আপনার শেষ কেন্দ্রে - মাথার উপরে সপ্তম কেন্দ্রে - পৌঁছাবে, তখন আপনি সর্বোচ্চ সম্ভাব্য মানুষে পরিণত হবেন।

তৃতীয় পর্যায়ে আমি আপনার শক্তিকে উপরের দিকে প্রবাহিত করার জন্য 'হু' শব্দটি ব্যবহার করি।

এই প্রথম তিনটি পর্যায় রেচনক্রিয়ার সাথে যুক্ত। এগুলি ধ্যান নয়, বরং ধ্যানের প্রস্তুতি। এগুলি লাফের জন্য 'প্রস্তুতি', এই গুলিকে লাফ বলে ভুল করবেন না।

চতুর্থ পর্যায় হল লাফ। চতুর্থ পর্যায়ে আমি আপনাকে একেবারে থামতে বলব। যখন আমি 'থামো' বলব, তখন একেবারে স্থির থাকুন। কিছু করবেন না কারণ আপনি যদি কিছু করেন তাহলে তা বিরোধিতা করবে এবং তাতে মূল বিষয়টি আপনার হাতের বাইরে চলে যাবে। যেকোনও কিছু - সামান্য কাশি বা হাঁচি - এবং আপনি পুরো বিষয়টি মিস করবেন কারণ মন বিক্ষিপ্ত হয়ে যাবে। তারপর ঊর্ধ্বমুখী প্রবাহ বন্ধ হয়ে যাবে কারণ আপনার মনোযোগ অন্যত্র ছড়িয়ে পড়বে।

কিছু করবেন না। আপনি মারা যাবেন না। এমনকি যদি আপনি হাঁচি দিতে চান এবং দশ মিনিট ধরে হাঁচি না দেন, তবুও আপনি মারা যাবে না। যদি আপনার কাশিতে ইচ্ছে হয়, যদি আপনার গলা ব্যথা হয় এবং আপনি কিছু না করেন, তাহলে আপনি মরবেন না। আপনার শরীরকে মৃত হয়ে যেতে দিন যাতে শক্তি উপরের দিকে যেতে পারে।

যখন শক্তি উপরের দিকে অগ্রসর হয়, তখন আপনি আরও বেশি করে নীরব ও শান্ত হয়ে যান। এই নীরবতা আসে শক্তির ঊর্ধ্বমুখী গতির জন্য। এখন আপনার পুরো শরীর এতটাই নীরব ও রিক্ত হয়ে যাবে যেন তা অদৃশ্য হয়ে গিয়েছে। আপনি তা অনুভবও করতে পারবেন না। আপনি অশরীরী হয়ে গিয়েছেন এবং যখন আপনি নীরব ও রিক্ত থাকেন তখন সমগ্র অস্তিত্ব নীরব থাকে কারণ অস্তিত্ব কেবল একটি আয়না। এটি আপনাকে প্রতিফলিত করে। এটি আপনাকে হাজার হাজার আয়নায় প্রতিফলিত করে। যখন আপনি নীরব থাকেন তখন সমগ্র অস্তিত্ব নীরব হয়ে যায়।

– ওশো

ধ্যান দর্শন

প্রথম চরণ

সঙ্গীতের সাথে তাল মিলিয়ে নাক দিয়ে দ্রুত শ্বাস নিন এবং ত্যাগ করুন। যত দ্রুত এবং গভীরভাবে সম্ভব শ্বাস নিন এবং ছাড়ুন। দুটি শ্বাসের মধ্যে কোনও ফাঁক থাকা উচিত নয়। শ্বাস যত দ্রুত এবং গভীর হবে, তত বেশি শক্তি জাগ্রত হবে। নিশ্চিত করুন, শ্বাস যেন দ্রুত এবং গভীর হয়, বিশৃঙ্খল নয়। এই ধ্যানে আপনার সম্পূর্ণ সত্তাকে মনোনিবেশ করার চেষ্টা করবেন, অর্ধ-হৃদয়ে নয়। যদি আপনি শুরুতে এত দ্রুত এবং বিশৃঙ্খলভাবে শ্বাস নিতে না পারেন, তবে চিন্তা করবেন না, ধীরে ধীরে অনুশীলনের মাধ্যমে শ্বাস দ্রুত এবং গভীর হবে। আপনার হাত এবং শরীর আলগা রাখুন। শ্বাস যত দ্রুত এবং গভীর হবে, আপনার ফুসফুস তত বেশি জীবন্ত থাকবে, এই মুহূর্তে আমরা সমস্ত ফুসফুস ব্যবহার করি না। ফুসফুস যত বেশি সক্রিয় থাকবে, অক্সিজেনের পরিমাণ তত বেশি বৃদ্ধি পাবে, কার্বন ডাই অক্সাইডও বেশি বেরিয়ে যাবে। হৃদয় সক্রিয় থাকবে, আমাদের রক্ত এবং অন্যান্য অঙ্গগুলি পরিষ্কার হবে। অতএব, এই ধাপে আপনার সমস্ত শক্তি ব্যবহার করুন, এমনভাবে রাখুন যাতে আপনার কাছে কোনও শক্তি অবশিষ্ট না থাকে।

আমাদের অসীম শক্তি আছে, নিজের সমস্ত শক্তির ব্যবহার করুন

আপনার মন বলবে যথেষ্ট হয়েছে, তা শুনবেন না এবং শ্বাস নিতে থাকুন। এমন এক সময় আসবে যখন আপনি অনুভব করবেন যে আপনি খুব ক্লান্ত, আর কোনও শক্তি অবশিষ্ট নেই। তবুও আপনাকে এগিয়ে যেতে হবে। শক্তি জাগ্রত হচ্ছে, শক্তি জাগ্রত করার কাজ চলছে। হ্যাঁ, ইন্দ্রিয়গুলি ক্লান্ত হয়ে পড়ছে। ইন্দ্রিয়গুলি শক্তি নয়, তারা কেবল শক্তি প্রবাহিত হওয়ার দরজা। ইন্দ্রিয়গুলি ক্লান্ত হয়ে পড়ছে এবং ক্লান্ত হওয়া মূলত এক অর্থে খুবই সহায়ক।

কিছুদিন ধরে আপনি শারীরিক ক্লান্ত বোধ করবেন। কারণ শরীর এতে অভ্যস্ত হয় না। ধীরে ধীরে শরীর এতে অভ্যস্ত হয়ে যাবে। শুরুতে আপনি ক্লান্ত বোধ করবেন কারণ আপনার অস্তিত্ব, আপনার পরিচয় এই ইন্দ্রিয়গুলির থেকেই হয়ে থাকে। আসলে আপনি এই গুলিকে 'আমি' হিসেবে বিবেচনা করেন, তাই যখন ইন্দ্রিয়গুলি ক্লান্ত হয়ে পড়ে, তখন আপনি বলেন "আমি ক্লান্ত"। এর সাথে আপনার পরিচয় ভেঙে যাওয়া উচিত। এটা যেন আপনার ঘোড়া ক্লান্ত হয়ে পড়েছে, আপনি ঘোড়ার উপর বসে আছেন। (আপনি শরীরে বাস করেন, শরীর আপনার ঘোড়া আর আপনি তার আরোহী। ঘোড়া ক্লান্ত হয়ে পড়েছে, এখন আপনি বলছেন "আমি ক্লান্ত"। যেদিন আপনি বুঝবেন যে "আমি ঘোড়া নই, আমিই আরোহী"। তারপর আপনি মেনে নেবে যে ইন্দ্রিয়গুলি ক্লান্ত। এরপর এক অজানা শক্তি আপনাকে ঘিরে ধরবে, তখন আপনি অনুভব করবেন যে শরীর শ্বাস নিচ্ছে, আর আপনি তা দেখছেন। একটানা, বিরতি ছাড়াই, দশ মিনিট ধরে, আপনাকে শ্বাস ছাড়তে হবে এবং দ্রুত ও গভীরভাবে শ্বাস নিতে হবে, যেন শরীর কেবল একটি শ্বাস-প্রশ্বাসের যন্ত্র। দ্রুত, গভীর এবং বিশৃঙ্খল শ্বাস-প্রশ্বাস গ্রহণ ও ত্যাগ হল পদক্ষেপের মূল ভিত্তি। যদি প্রথম পদক্ষেপটি পূর্ণ গতিতে করা হয়, তাহলে দ্বিতীয় পদক্ষেপটি নিজেই ঘটবে।

গভীর শ্বাস-প্রশ্বাসের আক্রমণের রহস্য

মানুষের জীবনের সবচেয়ে গুরুত্বপূর্ণ উপাদান হল শ্বাস-প্রশ্বাস। শ্বাস-প্রশ্বাসের মাধ্যমেই আত্মা এবং দেহের মধ্যে সংযোগ তৈরি হয়। যদি শ্বাস-প্রশ্বাস বন্ধ হয়ে যায়, তাহলে ব্যক্তিটি এই পৃথিবী ছেড়ে চলে যায়। যদি কোনও কারণে কোনও ব্যক্তি অজ্ঞান হয়ে যায়, কোমায় চলে যায় এবং তখনও শ্বাস-প্রশ্বাস নিতে থাকে, তাহলে তার ফিরে আসার সম্ভাবনা থাকে। এই কারণেই বলা হয় যে যতক্ষণ শ্বাস ততক্ষণ আশ। গভীর শ্বাস-প্রশ্বাসের আক্রমণ কুণ্ডলিনীর উপর অনেক প্রভাব ফেলে। কোনও কারণ ছাড়া প্রাণায়াম আবিষ্কৃত হয়নি। দীর্ঘ পরীক্ষা-নিরীক্ষা এবং অভিজ্ঞতার পর জানা গিয়েছে যে শ্বাস-প্রশ্বাসের আক্রমণ দিয়ে অনেক কিছু করা সম্ভব। শ্বাস-প্রশ্বাসের আক্রমণ অনেক কিছু করতে পারে এবং এই আক্রমণ যত দ্রুত হবে, তার গতি

তত দ্রুত হবে। ঘুমন্ত কুণ্ডলিনীকে সক্রিয় এবং জাগ্রত করার জন্য, একটি গভীর আক্রমণ প্রয়োজন। সমস্ত শক্তি এবং শক্তি সংগ্রহ করে এটিকে আঘাত করা প্রয়োজন।

আত্মা এবং দেহের মিলনস্থল হল কুণ্ডলিনী। ঠিক সেই বিন্দুতেই এই শক্তি বিদ্যমান যাকে কুণ্ডলিনী বলা হয়। আপনি এটিকে যেকোনও নাম দিতে পারেন। সক্রিয় ধ্যানের প্রথম ধাপ হল দশ মিনিটের জন্য দ্রুত, গভীর এবং বিশৃঙ্খলভাবে শ্বাস ছাড়তে এবং শ্বাস নিতে হবে। দুটি শ্বাসের মধ্যে কোনও ব্যবধান থাকা উচিত নয়। শক্তি জাগ্রত করার প্রচেষ্টায় এটি একটি গুরুত্বপূর্ণ পদক্ষেপ। যদি এই পদক্ষেপটি সঠিকভাবে করা হয়, তাহলে অনেক ফলাফল অনুভব করা যেতে পারে।

প্রথম:- যখন আমরা খুব দ্রুত, গভীর এবং বিশৃঙ্খলভাবে শ্বাস ছাড়ি এবং শ্বাস গ্রহণ করি, তখন কেবল শরীরই কাঁপে না, অভ্যন্তরীণ আত্মার তন্তুগুলিও কাঁপে, একটি ঝড় তৈরি হয়। সেই ঝড়ের মুহূর্তে, কেউ কেউ বুঝতে পারে যে শরীর এবং আত্মা দুটি ভিন্ন জিনিস। যখন আমরা বিশৃঙ্খলভাবে শ্বাস ছাড়ি এবং শ্বাস নিই, তখন এমন একটি মুহূর্ত আসে যখন আপনি অনুভব করেন যে শরীর সবকিছু করছে। আপনি কেবল শরীর এবং শ্বাসের সাক্ষী। এই মুহুর্তে, আপনি শরীরে একটি পৃথক অনুভূতি অনুভব করেন। সেই সময়ে ভয় পাবেন না। শরীর শ্বাস নিচ্ছে। আপনি নিজে শরীর এবং শ্বাস উভয়েরই সাক্ষী। ধীরে ধীরে এই অভিজ্ঞতা আপনার জন্য আরও গভীর হবে।

দ্বিতীয়ত:- আমরা আমাদের ফুসফুস সম্পূর্ণরূপে ব্যবহার করি না। আমরা যাকে সম্পূর্ণ সুস্থ বলি, তার শ্বাস মাত্র ১০০০-১৫০০ ছিদ্রে পৌঁছায় যেখানে ফুসফুসে কমপক্ষে ছয় হাজার ছিদ্র থাকে। এমন কোনও মানুষ নেই যার ফুসফুস সম্পূর্ণ অক্সিজেন পায়। যখন আমাদের শ্বাস-প্রশ্বাস বিশৃঙ্খল হয়, তখন ফুসফুসের ছিদ্রগুলি খুলতে শুরু করে যা আগে কার্বন ডাই অক্সাইডে পূর্ণ থাকে। অক্সিজেনের পরিমাণ বাড়তে শুরু করে এবং কার্বন ডাই অক্সাইডের পরিমাণ কমতে শুরু করে। যত বেশি ছিদ্র অক্সিজেন পাবে, আপনার হৃদয় তত বেশি অক্সিজেন পাবে, রক্ত তত বিশুদ্ধ হবে, আপনি তত বেশি জীবন্ত

বোধ করবেন এবং এটি সুস্থ থাকতে সাহায্য করবে এবং চেতনা প্রসারিত হবে। ফুসফুসের অকেজো এবং বন্ধ ছিদ্রগুলি সক্রিয় হয়ে উঠবে। এমনকি স্বাভাবিকভাবে আপনার শ্বাস গভীর হয়ে পেট পর্যন্ত পৌঁছাবে। আমরা যেভাবে শ্বাস নিই তা আমাদের মনের অবস্থার পরিবর্তন করে। রাগ, যৌনতা, জ্বরের সময় শ্বাস দ্রুত হয়ে যায়। এই তিনটি পরিস্থিতিতে যদি আপনি আপনার শ্বাস-প্রশ্বাস ধীর করতে পারেন, তাহলে আপনি রাগ করতে পারবেন না, যৌনতা গভীর হবে এবং জ্বর কমে যাবে।

ওশোর শিক্ষা

আমাদের সকলের ভেতরে অনেক কিছু ঘুমিয়ে আছে। যদি তা না জাগে, তাহলে আমাদের ভেতরে ভ্রমণ করার ক্ষমতা নেই। আমরা যে শক্তির দ্বারা বেঁচে থাকি তা খুবই ভাসাভাসা। যে শক্তি আমাদের ভেতরে বিশ্রাম নিচ্ছে, তা হল ঘুম। যা আমরা রেখে এসেছি। যা আমরা স্পর্শও করব না, তা আমাদের কাছেই থাকবে এবং আমরা মারা যাব। যেমন একজন মানুষের একটি সিন্দুক থাকে এবং সে তার পকেটে দশ টাকা রাখে এবং সেগুলিকে তার সম্পদ মনে করে, সে তার জীবন হারায়। সে ক্ষুধার্ত, তৃষ্ণার্ত থাকে, ভিক্ষা করে এবং সে জানেও না যে তার সিন্দুকটি কী।

কিন্তু, এই ধরণের বোকা মানুষদের খুব কষ্টে খুঁজে পাওয়া যাবে, যাদের কাছে নিরাপদ আশ্রয় আছে অথচ তারা সেই সম্পর্কে কিছুই জানে না - কিন্তু, জীবনের কথা বলতে গেলে, কেবল এই রকম বোকা মানুষই খুঁজে পাওয়া যাবে, যদি আপনি অনুসন্ধান করেন, তাহলে এমন একজন মানুষ খুব কমই পাবেন যিনি তার জীবনের সমস্ত সম্পদ ব্যবহার করেছেন।

তাই ধ্যানের প্রক্রিয়ার প্রথম ধাপ হল - আমাদের ভেতরের পূর্ণ শক্তি জাগ্রত করা। এই শক্তি জানতে হলে, কিছু আঘাত, কিছু হাতুড়ির প্রয়োজন। আমরা শ্বাস ব্যবহার করব, দশ মিনিটের প্রথম ধাপে আমরা জোরে শ্বাস নেব। আমরা এটিকে হাতুড়ির মতো ব্যবহার করব, আমরা শ্বাসে আঘাত করব। আমরা সেই আঘাতের মাধ্যমে ঘুমন্ত শক্তিকে জাগ্রত করতে শুরু করব।

আপনি হয়তো জানেন না যে যখনই আপনার শক্তির প্রয়োজন হয় - তখন আপনি সচেতন থাকুন বা না থাকুন - শ্বাস-প্রশ্বাসের আঘাতেই তা জাগ্রত হতে পারে। আপনি হয়তো কখনো ভাবেননি যে, যদি আপনাকে একটা বড় পাথর তুলতে হয়, তাহলে আপনি হঠাৎ একটা গভীর নিঃশ্বাস নিবেন এবং তারপর পাথরটা তুলে ফেলবেন। আপনি হয়তো কখনো ভাবেননি যে, গভীর শ্বাস নেওয়া এবং ভেতরে ধরে রাখা এবং পাথরটা তোলার মধ্যে কী সম্পর্ক? গভীর নিঃশ্বাস ছাড়া আপনি সেই পাথরটা তুলতে পারবেন না। আজকের বিজ্ঞানীরা পিরামিডের পাথরগুলি কিভাবে তোলা হয়েছিল সেই ব্যাপারে খুবই বিভ্রান্ত, সেই সময় কোনও ক্রেন ছিল না, পিরামিডের উপর এত বড় বড় পাথর কিভাবে তোলা হত। তাই তারা এটাকে অলৌকিক মনে করে। একসাথে একশো জন মানুষের পক্ষে এত বড় পাথর তোলা সম্ভব ছিল না, তাহলে কিভাবে তোলা হত? তারা জানে না যে মিশরে যারা পিরামিড তৈরি করেছিল তারা একটা বিজ্ঞান জানত, যা তারা ধীরে ধীরে ভুলে গিয়েছিল। সেটা হল শ্বাস-প্রশ্বাসের আঘাতে ভেতরে ঘুমন্ত শক্তি জাগ্রত করার রহস্য।

আপনি নিশ্চয়ই রাম মূর্তির নাম শুনেছেন। সে হাতিকে তার বুকের উপর দাঁড় করাতে পারত - তার বুকের উপর দিয়ে গাড়ি বা ট্রাক চালিয়ে নিয়ে যাওয়া হত, অথবা যদি সে পিছন থেকে একটি চলন্ত গাড়ি টেনে ধরে থাকত, তাহলে চাকা ঘুরতো ঠিকই, কিন্তু গাড়ি এগিয়ে যেতে পারত না। রহস্যটা ছিল সহজ। সেই রহস্যটা ছিল যে, সে নিজের ভেতরে শ্বাস বায়ু সঞ্চয় করে রাখার রহস্য জানত, ভেতর থেকে শ্বাস ধরে রাখার ফলে পূর্ণ শক্তি ব্যবহারের কৌশলটি জানতেন।

আমাদের ভেতরে যে শক্তি ঘুমিয়ে আছে, তাকে আঘাত করে জাগ্রত করতে হবে। দশ মিনিটের ধ্যানের প্রথম পর্যায়ে আমরা যা করব, আমাদের এত জোরে শ্বাস নিতে হবে যে এর চেয়ে বেশি কিছু নেওয়ার সুযোগ থাকবে না। আমাদের শ্বাসের উপর পূর্ণ শক্তি প্রয়োগ করা উচিত। তারপর যদি আপনি শ্বাসের উপর পূর্ণ শক্তি প্রয়োগ করতে পারেন, তাহলে শরীর কাঁপতে শুরু করবে। তাই এটিকে কাঁপতে দিন। শরীর যত বেশি কাঁপবে, আঘাত করা তত সহজ হবে। আপনাকে শক্ত হয়ে দাঁড়াতে হবে না। আপনাকে আঘাত করতে হবে

এবং শরীরকে কাঁপতে দিতে হবে। সেই আঘাতের সাথে - শরীর কাঁপতে শুরু করে।

সেই মুহূর্তে, ফুসফুসের সমস্ত বাতাসকে রূপান্তরিত করুন। আমাদের ফুসফুসে প্রায় ছয় হাজার ছিদ্র রয়েছে। আমাদের নিঃশ্বাস খুব কমই এক বা দুই হাজার ছিদ্রে পৌঁছায়, বাকি চার হাজার ছিদ্র সর্বদা বন্ধ থাকে। সেই গুলির মধ্যে কার্বন ডাই অক্সাইড জমা হতে থাকে।

অক্সিজেন, গুরুত্বপূর্ণ বায়ু ফুসফুসের সমস্ত ছিদ্রে পৌঁছে দিতে হয়। ভিতরে গুরুত্বপূর্ণ বাতাসের পরিমাণ বৃদ্ধি পাওয়ার সাথে সাথেই শরীরের বিদ্যুৎ জাগ্রত হতে শুরু করে। আপনি অনুভব করবেন যে শরীর বৈদ্যতিক হয়ে গিয়েছে। বৈদ্যতিক তরঙ্গ চলতে শুরু করে, প্রতিটি চুল কাঁপতে শুরু করে, শরীর নাচতে শুরু করে।

প্রথম পর্যায়ের অন্যান্য অর্থও রয়েছে, আমি আপনাকে সেগুলিও বলব। যদি এই পর্যায়টি সম্পন্ন না হয়, তবে দ্বিতীয়টিতে প্রবেশ করা সম্ভব হবে না। ঠিক যেমন কেউ যদি প্রথম ধাপে না ওঠে, তবে দ্বিতীয় ধাপে উঠতে পারবে না। প্রথম ধাপে পা রাখা প্রয়োজন, তবেই দ্বিতীয় ধাপে ওঠা সম্ভব হবে।

যদি প্রথম পর্যায়টি সম্পন্ন হয়, তাহলে আপনার শরীর একটি প্রতিষেধকের মতো এক ধরণের প্রতিরোধের প্রাচীর তৈরি করে। আপনার ভেতরে কোনও ক্ষতিকারক জিনিস প্রবেশ করতে পারে না এবং আপনার ভেতর থেকে কোনও শক্তি বের করে নেওয়া যায় না। এটি একটি প্রাচীর হিসাবে কাজ শুরু করে। উদাহরণস্বরূপ, যদি আমরা আমাদের বাড়ির চারপাশে একটি বৈদ্যুতিক তার বিছিয়ে দিই এবং তার মধ্য দিয়ে কারেন্ট প্রবাহিত হয়, তাহলে একজন চোর ভিতরে প্রবেশ করতে পারবে না, কারণ যদি সে তারটি স্পর্শ করে, তাহলে সে সমস্যায় পড়বে।

প্রথম পর্যায়ের গুরুত্বপূর্ণ কাজ হল এটি আপনার চারপাশে বিদ্যুতের একটি বৃত্ত তৈরি করে - না ভেতর থেকে কিছু বেরিয়ে যেতে পারে এবং না বাইরে থেকে কিছু ভেতরে আসতে পারে।

তৃতীয়ত, প্রথম পর্যায়ে এটা বোঝা গুরুত্বপূর্ণ যে, ভেতরে আঘাত পাওয়ার পর যখন আপনার শক্তি জাগ্রত হবে, তখন আপনার শরীরে

নানা ধরণের অভিজ্ঞতা হতে শুরু করবে। আমি আপনাকে সেগুলি সম্পর্কে বলি যাতে আপনি কোনও সমস্যার সম্মুখীন না হন। কারণ এর মধ্যে জিজ্ঞাসা করার কোনও উপায় নেই। শরীরে নানা ধরণের অভিজ্ঞতা হতে পারে। বিভিন্ন মানুষের বিভিন্ন ধরণের অভিজ্ঞতা হবে। কেউ কেউ অনুভব করবে যে 'শরীর খুব ছোট হয়ে গিয়েছে, তাই সে চোখ খুলে তাকাতে চাইবে'। কী ব্যাপার? আমি কি কোথাও হারিয়ে যাচ্ছি? কিন্তু, আপনাকে চোখ খুলে দেখতে হবে না। আপনি আপনার জায়গায় আছেন, কোথাও কিছুই হারিয়ে যায়নি।

এই সমস্ত পরিস্থিতি সেই শরীরে নতুন শক্তি জাগ্রত হওয়ার সাথে সাথে ঘটতে শুরু করবে। 'কেউ কেউ তাদের শরীরে সাপ এবং বিচে ঘুরে বেড়াচ্ছে এমন অনুভব করতে শুরু করবে।' কেউ কেউ পিঁপড়ের ওঠানামা অনুভব করতে শুরু করবে, কেউ তাদের মধ্য দিয়ে বিদ্যুৎ প্রবাহের অনুভব করবে, কেউ কেউ অনুভব করবে যে 'কিছু একটা জলপ্রপাতের মতো উপর থেকে নীচে পড়ছে', কেউ কেউ অনুভব করবে যে 'কিছু একটা নীচ থেকে উপরে উঠে আসছে।'

শরীরে এরকম অনেক অনুভব লাভ করতে শুরু করবে এবং এর সাথে সাথে শরীর কিছু কাজ, কিছু নড়াচড়া করতে চাইবে।

দশ মিনিটের মধ্যে শরীর সম্পূর্ণরূপে চার্জ পেয়ে যায়, শক্তিতে ভরে ওঠে। তাই দ্বিতীয় পর্যায়ে, শরীরকে ছেড়ে দিন, যা করতে চায় তা করতে দিন। দ্বিতীয় পর্যায়ে, শক্তিকে খেলার সুযোগ দিন। যে শক্তি জাগ্রত হয়েছে তাকে সহযোগিতা করুন এবং সমর্থন করুন।

গভীর শ্বাস-প্রশ্বাসের মাধ্যমে জীবনীশক্তি বৃদ্ধি করুন

আপনি বলেছেন যে গভীর শ্বাস-প্রশ্বাস অক্সিজেন এবং কার্বন ডাই অক্সাইডের অনুপাত পরিবর্তন করে, তাহলে অনুপাতের এই পরিবর্তনটি কুণ্ডলিনী জাগরণের সাথে কীভাবে সম্পর্কিত?

অনেক সংযোগ আছে। প্রথমত, আমাদের ভেতরে জীবন ও মৃত্যু উভয়ের সম্ভাবনা রয়েছে। তাদের মধ্যে থাকা অক্সিজেন আমাদের জীবনের সম্ভাবনা, আর তাদের মধ্যে থাকা কার্বন আমাদের মৃত্যুর সম্ভাবনা। যখন অক্সিজেন শেষ হয়ে যায় এবং কেবল কার্বন তোমার

ভেতরে থাকে, তখন আপনি মৃতদেহে পরিণত হবেন। ঠিক যেমন আমরা কাঠের টুকরো পুড়িয়ে ফেলি। যতক্ষণ অক্সিজেন পাওয়া যায়, ততক্ষণ এটি জ্বলতে থাকে। আগুন আছে, জীবন আছে। তারপর অক্সিজেন শেষ হয়ে যায়, আগুন নিভে যায়, তারপর কয়লা এবং কার্বন পড়ে থাকে। এটি একটি মৃত আগুন। যে কয়লা পড়ে থাকে তা একটি মৃত আগুন।

তাই দুটোই আমাদের ভেতরে সবসময় কাজ করছে। আমাদের ভেতরে যত বেশি কার্বন থাকবে, আমরা তত বেশি অলসতা অনুভব করব। এই কারণেই দিনের বেলা ঘুমানো কঠিন এবং রাতে অক্সিজেনের পরিমাণ কমে যায় এবং কার্বনের পরিমাণ বেড়ে যায়। এই কারণেই আমরা রাতে সহজেই ঘুমিয়ে পড়ি এবং দিনের বেলা ঘুমানো এত সহজ নয় কারণ তখন প্রচুর অক্সিজেন থাকে। বাতাসে প্রচুর অক্সিজেন থাকে। সূর্য ওঠার পর, সমগ্র বাতাসে অক্সিজেনের অনুপাত পরিবর্তিত হয়। সূর্য অস্ত যাওয়ার সাথে সাথে অক্সিজেনের অনুপাত কমে যায়।

এই কারণেই অন্ধকার, রাত, অলসতার প্রতীক হয়ে উঠেছে। সূর্য উজ্জ্বলতার প্রতীক হয়ে উঠেছে, কারণ জীবন তার সাথে আসে। রাতে সবকিছু শুকিয়ে যায় - ফুল ঝরে যায়, পাতা ঝরে পড়ে, মানুষ ঘুমিয়ে পড়ে - পুরো পৃথিবী এক অর্থে অস্থায়ী মৃত্যুতে প্রবেশ করে, একটি অস্থায়ী মৃত্যু ভূমি হয়ে ওঠে। সকাল হওয়ার সাথে সাথেই ফুল আবার ফুটতে শুরু করে, তারপর পাতা জীবন্ত হয়ে ওঠে, তারপর গাছ নড়তে শুরু করে,মানুষ জেগে ওঠে, পাখিরা গান গাইতে শুরু করে - পৃথিবী আবার সর্বত্র জেগে ওঠে, সেই অস্থায়ী মৃত্যু, রাতের আট থেকে দশ ঘণ্টার সেই অস্থায়ী মৃত্যু, কেটে গিয়েছে, এখন জীবন আবার ফিরে এসেছে।

তো আপনার ভেতরেও একই রকম ঘটনা ঘটে, যখন আপনার ভেতরে অক্সিজেনের পরিমাণ দ্রুত বৃদ্ধি পায়, তখন আপনার ভেতরের ঘুমন্ত শক্তিগুলি জেগে ওঠে, কারণ ঘুমন্ত শক্তিগুলিকে জাগ্রত করার জন্য সবসময় অক্সিজেনের প্রয়োজন হয় - যেকোনও ধরণের ঘুমন্ত শক্তিকে জাগানোর জন্য। এখন একজন মানুষ মারা

যাচ্ছে, মৃত্যুর খুব কাছাকাছি, আমরা তার নাকে অক্সিজেন সিলিন্ডার দিচ্ছি। আমরা তাকে দশ থেকে বিশ ঘণ্টা বাঁচিয়ে রাখি। তার মৃত্যু দশ থেকে বিশ ঘণ্টা আগে হত, কিন্তু আমরা তার আয়ু দশ থেকে বিশ ঘণ্টা বাড়াতে সক্ষম হই। আমরা এমনকি তা এক বা দুই বছরও দীর্ঘায়িত করতে পারি, কারণ আমরা তার সম্পূর্ণ দুর্বল শক্তিগুলিকে অক্সিজেন দিচ্ছি, তারা ঘুমাতে পারছে না। তার সমস্ত শক্তি মৃত্যুর কাছাকাছি চলে যাচ্ছে, ডুবে যাচ্ছে, কিন্তু তবুও অক্সিজেন দেওয়া হচ্ছে।

দ্রুত পরিবর্তনের ফলে সহজেই দেখা যায়

আপনার ভেতরে অক্সিজেন বৃদ্ধির একটা উদ্দেশ্য আছে। তা ভেতরের ভারসাম্য পরিবর্তন করে - ঘুমের প্রতি আগ্রহ বৃদ্ধি করবেন না বরং জাগ্রত থাকার চেষ্টা করুন। আর যদি এই পরিমাণ খুব দ্রুত বাড়ানো যায়, তাহলে আপনার ভেতরে ভারসাম্যে হঠাৎ পরিবর্তন আসে, যেমন স্কেলের একপাশ যা নীচে ছিল হঠাৎ উপরে উঠে যায় এবং স্কেলের উপরের দিকটি সম্পূর্ণরূপে নিচে নেমে আসে। যদি আপনার ভেতরের ভারসাম্য একটি ঝাঁকুনি দিয়ে পরিবর্তন করা যায়, তাহলে আপনি খুব দ্রুত তা অনুভব করবেন। যদি সেই উত্থান-পতন খুব ধীরে আসে, তাহলে আপনি জানতেও পারবে না কখন পরিবর্তনটি ঘটেছে। তাই আমি দ্রুত শ্বাস-প্রশ্বাসের অনুশীলনের জন্য বলছি - এত শক্তিশালী পরিবর্তন আনুন যে দশ মিনিটের মধ্যে আপনি এক অবস্থা থেকে অন্য অবস্থায় যেতে পারবেন, এবং আপনি তা স্পষ্ট দেখতে পাবেন। কারণ যত দ্রুত কোনও জিনিস পরিবর্তন হয়, তত দ্রুতই তা দেখা যায়।

এই কারণেই আমি এমন পরীক্ষা-নিরীক্ষার পক্ষে যা আপনাকে দ্রুত রূপান্তরিত করে। যদি এতে অনেক সময় লাগে, তাহলে আপনি কখনই বুঝতে পারবেন না কী ঘটছে? আর যদি আপনি বুঝতে না পারেন, তাহলে কিছু রূপান্তর ঘটতে পারে, কিন্তু আপনি কেন তা বুঝতে পারছেন না, তার কারণ কী? অনেক সময় এমন হয় যে একজন ব্যক্তি কোথাও হাঁটতে হাঁটতে স্বতঃস্ফূর্তভাবে আধ্যাত্মিক অভিজ্ঞতার খুব কাছাকাছি পৌঁছে যান, কিন্তু হঠাৎ করে নয়, তীব্রভাবে নয়, তারপর তিনি কী ঘটেছে তা বুঝতে অক্ষম হন এবং

তিনি যে ব্যাখ্যা দেন তা কখনই সঠিক হয় না, কারণ তার ব্যাখ্যার জন্য পর্যাপ্ত দূরত্ব থাকে না। অনেক সময় এমন ঘটনা ঘটে যখন আপনি একটি নতুন অভিজ্ঞতার কাছাকাছি থাকেন, কিন্তু আপনি এটি এড়িয়ে যাবেন, আপনি এটি আপনার পুরানো গণনা অনুসারে ব্যাখ্যা করবেন, কারণ এটি এত ধীরে ঘটেছে যে এটি কখনই জানা যাবে না।

কুণ্ডলিনীর জ্বালানি হল প্রাণ-শক্তি।

এই কারণেই আমি বলি তীব্রতা ব্যবহার করুন, কারণ প্রাণ-বায়ু খুবই মূল্যবান। আসলে, যত বেশি আপনি নিজের শরীরকে প্রাণ-বায়ু, অক্সিজেন দিয়ে পূর্ণ করবেন, তত দ্রুত আপনি এই দেহের অভিজ্ঞতা থেকে আত্মার দিকে এগিয়ে যাবেন। কারণ যদি আপনি খুব স্পষ্টভাবে বুঝতে পারেন, তাহলে দেহ হল মৃতপ্রায় - অর্থাৎ আপনার সেই অংশ যা মারা গিয়েছে। সেই কারণেই এটি দৃশ্যমান। আপনার যে অংশটি আর তরল নেই, তা কঠিন হয়ে গিয়েছে এবং আত্মা হল সেই অংশ যা তরল, কঠিন নয়, বাতাসযুক্ত, তা ধরা যায় না।

তাই প্রাণের শক্তি, জাগরণ এবং আপনার ভেতরে জীবনী শক্তি যত বেশি থাকবে, তত বেশি আপনি এই দুটির মধ্যে স্পষ্টভাবে পার্থক্য করতে সক্ষম হবেন। এই দুটি আপনার কাছে খুব আলাদা মনে হতে পারে, এক অংশ এখানে, এক অংশ সেখানে - এগুলি সম্পূর্ণ আলাদা বলে মনে হবে। সেই কারণেই এটি খুবই কার্যকর।

হ্যাঁ, কুণ্ডলিনী জাগরণের জন্য। কারণ কুণ্ডলিনী হল আপনার ঘুমের শক্তি। আপনি কার্বন দিয়ে তা জাগাতে পারবে না, কার্বন এটাকে আরও বেশি ঘুম পাড়িয়ে দেবে। অক্সিজেন এটা জাগাতে খুবই সহায়ক। অতএব, যেকোনও উপায়ে সম্ভব... এই কারণেই সকালের ধ্যানকে সর্বদা কার্যকর বলে বোঝানো হয়েছে। এর অন্য কোনও মূল্য নেই। এর মূল্য কেবল এতটুকু যে সকালে একটু শ্বাস নিলেও, আপনার ভেতরে আরও বেশি অক্সিজেন পৌঁছায়। তাই, সূর্যোদয়ের সাথে সাথে, পৃথিবী এক ঘন্টার জন্য একটি অনন্য অবস্থানে থাকে। তাই, সেই অবস্থানটি ব্যবহার করার জন্য, বিশ্বের অনেক জায়গায় ধ্যানের সময় বেছে নেওয়া হয়েছে। আপনার ভেতরে ঘুমন্ত শক্তির উপর প্রাণের আঘাত যত জোরে পড়বে, তত দ্রুত...

সম্পূর্ণ ঝুঁকি নেওয়া

শ্বাস-প্রশ্বাস নিজে থেকেই দ্রুত হয়ে যায়, কিন্তু মাঝখানে শ্বাস-প্রশ্বাস সম্পূর্ণরূপে বন্ধ হয়ে যায়। তাহলে কি আমাদের সেই পরিস্থিতিতে শ্বাস-প্রশ্বাস ব্যবহার করা উচিত?

যদি আপনি তা করেন, তাহলে আপনার লাভ হবে। প্রশ্নটা এই নয় যে শ্বাস-প্রশ্বাস চলছে কি না, যদি না চলে, তাহলে কোনও ক্ষতি নেই। আপনি চেষ্টা করছেন কি না সেটাই দেখার। এটা প্রশ্ন নয়, যদি এটা কাজ না করে, তাহলে কাজ করবে না, আপনি কী করবেন? কিন্তু আপনার প্রচেষ্টা ছেড়ে দেওয়া উচিত নয়। আপনার প্রচেষ্টা নিজের থেকেই সার্থক হবে। বড় প্রশ্ন এটা নয় যে কী ঘটছে, বরং আপনি এটা করছেন সেটাই বড় কথা! আপনি একটা ঝুঁকি নিয়ে ফেলেছেন, আপনি কোথাও নিজেকে বাঁচানোর চেষ্টা করবেন না। অন্যথায় মন নিজেকে অনেক ভাবে রক্ষা করতে চাইবে। তা বলে, এটা এখন হচ্ছে না, এখন ছেড়ে দেওয়া যাক। আমাদের মনের সমস্যা এমন যে এটি প্রতিদিন হাজারো উপায় খুঁজে বের করে, যে এখন এটা হচ্ছে না, এখন আমি সম্পূর্ণরূপে দম বন্ধ করে দিচ্ছি, এখন তুমি মারা যাবে, এখন ছেড়ে দাও, ইত্যাদি।

তাহলে এই কথা শুনবেন না। আপনি বরং বলুন, ''যদি তোমার দম বন্ধ হয়ে যায়, তাহলে এটা অনেক আনন্দের হবে। যদি তুমি না পারো, তাহলে সেটা আলাদা ব্যাপার, এর উপর তোমার কোন নিয়ন্ত্রণ নেই। কিন্তু তোমার যথাসাধ্য চেষ্টা করা উচিত, তোমার মন প্রাণ দিয়ে চেষ্টা করা উচিত।'' নিজেকে বাঁচানোর চেষ্টা করবেন না। কারণ মাঝে মাঝে সামান্য কিছু সঞ্চয় সবকিছু থামিয়ে দিতে পারে। কেউ জানে না যে, একটা ছোট্ট খড়ের টুকরোও উটের কাছে ভারী বলে মনে হতে পারে। আপনি উটের উপর অনেক ওজন চাপিয়ে দিয়েছেন, কিন্তু সেই ওজন উটের বসার জন্য যথেষ্ট নয়। এমনও হতে পারে যে শেষ খড় - একটি ছোট ঘাসের টুকরো - এবং উট সেই ওজনের কারণেও বসে যেতে পারে। কারণ শেষ পর্যন্ত ভারসাম্য একটি ছোট খড় দ্বারা নির্ধারিত হয়। শুরুতে এটি নির্ধারিত হয় না। প্রথমে আপনি দুই মণ বোঝাই করেছেন এবং কিছুই হয়নি, উট চলতেই থাকলো। মনে করুন আপনি একটি হাতুড়ি দিয়ে তালা ভাঙছেন, পূর্ণ শক্তিতে পঞ্চাশটি হাতুড়ি মেরেছেন

- এবং পঞ্চাশতম বার যখন আপনি খুব কম শক্তি দিয়ে আঘাত করেছেন, তখনই তা ভেঙেছে, তারপর শেষ পর্যন্ত এটি একটি খুব ছোট জিনিস দ্বারা নির্ধারিত হয়। তাই এমনটা হওয়া উচিত নয় যে আপনি খুব কঠোর পরিশ্রম করে একটা ছোট্ট বিষয়ে পিছিয়ে যাবেন, আর যদি আপনি সেটা মিস করেন, তাহলে পুরো জিনিসটাই মিস হয়ে যাবে।

সম্প্রতি এমনটা ঘটেছিল: আমার এক বন্ধু অমৃতসরে তিন দিন ধরে ধ্যান করছিল। সে একজন সুশিক্ষিত ডাক্তার। কিন্তু কিছুই হচ্ছিল না। শেষ দিন - আমি জানতাম না সে কী করছে আর কী করছে না, আমি তাকে চিনতামও না - শেষ দিন আমি বলেছিলাম যে আমরা যখন জল গরম করি, তখন এটি ১০০ ডিগ্রিতে বাষ্পে পরিণত হয় এবং যদি আমরা ৯৯ ডিগ্রি থেকেও ফিরে যাই, তাহলে ভাববেন না যে আমরা এটি ৯৯ ডিগ্রি পর্যন্ত গরম করেছিলাম, তাহলে ১ ডিগ্রি কী এমন বড় কথা? এটি জলই থাকবে। সাড়ে ৯৯ ডিগ্রি পর্যন্তও এটি জলই থাকবে। সামান্য ব্যবধান থাকলেও এটি জলই থাকবে। শেষ ১০০, যখন এটি ১০০ অতিক্রম করবে, তখন এটি বাষ্পে পরিণত হবে এবং এটি সম্পর্কে কোনও অভিযোগ করা যাবে না।

এর মানে যেদিন সন্ধ্যায় আপনি তাকে একটা ভালো কথা বলেছিলেন, সেদিনই সে আমার কাছে এসেছিল। আমি ভাবছিলাম ভাই, আস্তে আস্তে করি, যদি খুব বেশি না হয়, তাহলে অন্তত একটু হলেও হবে। আমরা কী ভাবি? আপনি যখন এই কথা বললেন, তখন আমার মনে হয়েছিল যে এটিই ঠিক। আটানব্বই ডিগ্রি তাপমাত্রায় উত্তপ্ত হলে, খানিকটা জল বাষ্পে পরিণত হলেও, খানিকটা হবে না, কিছুতেই তা সম্ভব না। তা তৈরি হতে শুরু করবে, এমনকি যদি একটি বিন্দুও বাষ্পে পরিণত হয়, তবে তা কেবল একশো ডিগ্রি তাপমাত্রার উপরে উঠলেই তা সম্ভব, অর্থাৎ এর উড়ান হবে একশো ডিগ্রি তাপমাত্রায়। তার আগে পর্যন্ত তা জল হয়েই থেকে যাবে। জলকে নিজের বৈশিষ্ঠ ত্যাগ করতে হলে এইটুকু পথ তো অতিক্রম করতেই হবে, শেষ পর্যন্ত চেষ্টা চালিয়ে যেতেই হবে।

তখন তিনি আমাকে বলবেন যে 'তুমি ঠিক বলেছো'। আজ আমি আমার সমস্ত শক্তি প্রয়োগ করেছি। তাই আমি অবাক হচ্ছি যে আমি

কোনও কারণ ছাড়াই তিন দিন ধরে কাজ করছিলাম, আমি আগে ক্লান্ত হয়ে পড়তাম, আজ আমি ক্লান্তও নই, এবং আমার সাথে যেন কিছু একটা ঘটে গেল। কিন্তু তিনি বললেন যে, 'আমি সব সময় একশো ডিগ্রির চিন্তা মাথায় রেখেছিলাম, আর এক ইঞ্চিও হাল ছাড়িনি', আমি বলেছিলাম যে আপনার দিক থেকে হাল ছাড়বেন না, আপনাকে নিজের সমস্ত শক্তি প্রয়োগ করতে হবে।

যারা পাচ্ছে না এবং যারা পাচ্ছে তাদের মধ্যে আর কোনও পার্থক্য নেই, শুধু এই পার্থক্যই রয়ে গিয়েছে। আর আরেকটি কথা মনে রাখবেন যে অনেক সময় মনে হয় আপনার প্রতিবেশী আপনার চেয়ে বেশি শক্তি প্রয়োগ করছে এবং তার সাথে তা ঘটছে না। কিন্তু তার একশো ডিগ্রি এবং আপনার একশো ডিগ্রির মধ্যে পার্থক্য আছে। যদি তার ভেতরে বেশি শক্তি থাকে...

একজন মানুষের পাঁচশো টাকা আছে আর সে তিনশো টাকা বাজি ধরছে, আর ধরুন আপনার কাছে পাঁচশো টাকা আছে আর আপনি চার টাকা বাজি ধরেছেন - তাতে করে আপনি এগিয়ে থাকবেন। এটা তিন আর চার দিয়ে নির্ধারিত হবে না, পুরো অনুপাত দিয়ে নির্ধারিত হবে। যদি আপনি পুরোটা বাজি ধরেন, তার মানে আপনি একশো ডিগ্রিতে আছেন। আর প্রত্যেকের একশো ডিগ্রি আলাদা হবে। এখন কত বাজি ধরবেন সেটাই সবচেয়ে বড় প্রশ্ন। যদি আপনি পাঁচশো টাকা বাজি ধরেন, আপনি জিতবেন, আর যদি সে তিনশো বা চারশো টাকা বাজি ধরে, তবুও সে জিতবে না। তার পাঁচশো ছিল, যতক্ষণ না সে পাঁচশো বাজি ধরবে, সে জিতবে না।

এই কারণেই চূড়ান্ত অর্থে, সবসময় একটা কথা মনে রাখা প্রয়োজন যে নিজেকে বাঁচানো উচিত নয়, কখনও ভাবেন না যে এখন ঠিক আছে, এতটুকুই যথেষ্ট হবে। আপনি এটা ভাবার পরই ফিরে আসতে শুরু করবে।

আর প্রায়শই ঘটনাটি যেখান থেকে ঘটে, সেই বিন্দু থেকেই এটি ঘটবে, কারণ মন সেই বিন্দুতেই নার্ভাস হতে শুরু করে যে এখন এটি বাষ্পে পরিণত হয়েছে, এখন এটি বাষ্পে পরিণত হয়েছে। এখন সে

বলছে যে, যথেষ্ট হয়েছে, আমরা ফুটে উঠেছি, জল আগুনে পরিণত হচ্ছে, এখন কী লাভ, এখন ফিরে আসাই শ্রেয়।

'যখন তোমার মন বলে এখন ফিরে এসো, সেই মুহূর্তটি খুবই মূল্যবান।' তখন মন অনুভব করতে শুরু করে যে এখন বিপদ, এখন ভেঙে পড়ার সময় ঘনিয়ে আসছে, এখন মৃত্যুর সময়। তাই যখনই মনে হবে যে এখন বিপদ আসছে... যতক্ষণ না কোনও বিপদ আসছে, তখনই এটি বলবেন যে, পূর্ণ আনন্দের সাথে এটি করো, বিপদের কাছাকাছি পৌঁছানোর সাথে সাথে, ফুটন্ত বিন্দুর আগে, এটি আপনাকে বলবে যে এখন যথেষ্ট হয়েছে, এখন আপনি আপনার সমস্ত শক্তি দিয়েছেন, এখন এটি ঘটে সম্ভব না। সেই সময় সাবধান থাকুন। এটি সেই মুহূর্ত যখন আপনাকে আপনার সমস্ত প্রচেষ্টা চালিয়ে যেতে হবে। সেই একটি মুহূর্ত মিস করলে কখনও কখনও বছরের পর বছর ধরে হারিয়ে যেতে হয় এবং কখনও কখনও নিরানব্বই ডিগ্রিতে পৌঁছাতে বছরের পর বছর সময় লাগে এবং কখনও কখনও আপনি এটিতে পৌঁছান এবং তাৎক্ষণিকভাবে সব হাত ছাড়া হয়ে যায়। একটি ছোট বিষয়ের জন্যও আপনাকে মূল্য দিতে হতে পারে। তাই আপনি ছোটখাট বিষয়ও এড়িয়ে যাবেন না। এটি ঘটবে না, এটি ঘটবে না।

জোর করে এটি করলে কি স্নায়ুর উপর কোনও প্রভাব পড়বে না?

এই সব জিনিস, সমস্ত বিষয়, আমাদের সকল ভয়...এগুলির অবশ্যই একটা প্রভাব পড়বে, কেন এগুলির প্রভাব পড়বে না? এগুলির অবশ্যই একটা প্রভাব পড়বে, পুরো জিনিসটাই তো কোনও না কোনও প্রভাব পড়ার জন্য।

যদি স্নায়ু ভেঙে যায়?

হ্যাঁ, তাহলে দেখুন! এটিকে ভেঙে যেতে দিন, তা বাঁচিয়ে লাভ কী! এটিকে বাঁচিয়ে রাখলেও তা ভেঙেই যাবে, আপনি বাঁচিয়ে রেখে কী করবেন?

আমরা অজ্ঞতায় মরতে চাই না!তাই বলছি যদি আপনি স্নায়ু বাঁচানোর চেষ্টা করেন, তাহলে আপনি অজ্ঞতায় মরবে। আপনি কী করবেন? আমাদের সমস্যা হল, যে জিনিসগুলি বাঁচিয়ে রাখার জন্য আমরা চিন্তিত, সেগুলি বাঁচিয়ে রেখে কী লাভ?

আমাদের কাছে এইটুকুই আছে, আমাদের কি সেইটুকুও হারানো উচিত?

হ্যাঁ, যদি সেই টুকুও থাকত, তবুও কিছু একটা থাকত, তাহলে আপনি তা হারানোর ভয় পেতন না। সেই টুকুও নেই। প্রায়শই নগ্ন মানুষ তাদের পোশাক চুরি হয়ে যাওয়ার ভয় পায়, কারণ তারা এটা ভেবে আনন্দ পায় যে তাদেরও পোশাক আছে। তাদের ভেতরে যে আনন্দ থাকে তা হল, আমরা নগ্ন নই, আমাদের পোশাক চুরি হওয়া উচিত নয়। যদি কাপড় থাকে, তাহলে চুরি হওয়ার কোনও চিন্তা নেই। এগুলি শুধু পোশাক, যদি চুরি হয়ে যায়, তাহলে হারিয়ে যাবে। এই ভয় ত্যাগ করুন।

এর মানে এই নয় যে আপনার স্নায়ু ভেঙে যাবে। ভয়ের কারণে তা ভেঙে যেতে পারে, কিন্তু ধ্যানের কারণে তা ভেঙে যেতে পারে না। ভয়ের কারণে তা ভেঙে যায়। কিন্তু আমরা ভয়কে ভয় পাই না। ভয়ের কারণে তা ভেঙে যাবে, চিন্তার কারণে তা ভেঙে যাবে, আমরা ভয় পাই না। চাপের কারণে তা ভেঙে যাবে, আমরা ভয় পাই না। আমরা ধ্যানকে ভয় পাই, যেখানে ভাঙার প্রশ্নই আসে না, যেখানে ভাঙলেও তা পুনরায় জোড়া লাগানো যেতে পারে।

কিন্তু আমরা আমাদের ভয় লালন করি এবং সেই ভয়ই আমাদের জন্য জীবন যাপন সুবিধাজনক করে তোলে যে এটি যেন না ঘটে, ওটা যেন না ঘটে। 'আমরা ফিরে আসার জন্য সমস্ত ব্যবস্থা করব।'

তাই আমি বলছি, যাওয়ার প্রয়োজনই বা কী? এই দ্বিধা বিপজ্জনক। আমি বলছি, একেবারেই যাবেন না, ভুলেও যাবেন, এমনকি চিন্তাও করবেন না।

দ্বন্দ্বই একজন সাধকের একমাত্র শত্রু

কিন্তু আমরা দুটিই করতে চাই। আমরা যেতে চাই এবং যেতে চাইও না। তারপর দ্বিধা আমাদের জীবনকে গ্রাস করে এবং তারপর আমরা অকারণে সমস্যায় পড়ি। লক্ষ লক্ষ মানুষ অকারণে সমস্যায় পড়ে। তাদের ঈশ্বরকে খুঁজতে হবে এবং সতর্ক থাকতে হবে যাতে তারা তাঁকে খুঁজে না পায়।

এখন এগুলি দ্বিমুখী সমস্যা। আমাদের পুরো সমস্যা হল, আমরা যা করতে চাই, অন্য কোনও মানসিক স্তরে তা করা সম্ভব না। আমাদের জীবনই দ্বিধাগ্রস্ত। আমরা যা করতে চাই তা করতে পারছি না। যেদিন এটা ঘটবে, তখন আর কোনও বাধা আসবে না। সেদিন জীবন একটা আন্দোলনে পরিণত হয়। কিন্তু আমাদের অবস্থা এমন যে আমরা এক পা এগালেও, আর এক পা পিছিয়ে যাই, ঘর বানাতে একটা ইট গাঁথি আর অন্যটা ভেঙে ফেলি। আমরা সেটা রেখে আনন্দ করি, আবার এটা ভেবে কাঁদি যে বাড়ি তৈরি হচ্ছে না। আমরা সারাদিন ঘর তৈরি করি আর সারারাত ভেঙে ফেলি। পরের দিন আবার দেয়াল একই থাকে, তারপর আমরা কাঁদতে শুরু করি যে বাড়ি তৈরি হচ্ছে না, এটা খুবই কঠিন।

এই কষ্টটা নিজের ভেতর থেকে অনুভব করা উচিত এবং আপনি তা তখনই বুঝতে পারবেন যখন আপনি বুঝতে পারবেন যে এটা ঠিক আছে, যদি ভেঙে যায়, তাহলে ভেঙে যাবে। যদি ত্রিশ-চল্লিশ বছরেও না ভাঙে, তাহলে আপনি কী করবেন? আপনি অফিসে কাজ করবেন, প্রতিদিন খাবার খাবেন, দুই-চারটি বাচ্চার জন্ম দেবেন, অথবা আপনি সন্তানের জন্ম দেবেন না, আপনার স্বামী হবে, এটা হবে, ওটা হবে, এইসব হবে এবং যদি আপনি তাদের ছেড়ে চলে যান, তাহলে এই মানুষগুলি ভয় পাবে যে তাদের শিরা ছিঁড়ে যেতে পারে। আপনি তা করতে থাকবেন। আপনি কী করবেন?

যদি আমরা সামান্যতমও বুঝতে পারি যে, আমরা জীবন বাঁচানোর চেষ্টা করছি, তাহলে এতে সঞ্চয়ের যোগ্য কী? তাহলে আমরা ঝুঁকি নিতে পারি, অন্যথায় আমরা তা করতে পারি না এবং এটি খুব স্পষ্ট হওয়া উচিত, আমাদের মনে এটি স্পষ্ট হওয়া উচিত যে আমরা যা কিছু সঞ্চয় করতে চাই, তাতে কী সঞ্চয় করার যোগ্য? এবং সংরক্ষণের পরেও কী থাকে? যদি এটি স্পষ্ট হয় তবে আপনার কোনও অসুবিধা হবে না। যদি এটি ভেঙে যায়, তবে এটি ভেঙে যাবে। এটি ভাঙে না, এটি এখনও ভাঙেনি। যদি আপনি এটি ভাঙেন, তবে আপনি একটি নতুন ঘটনা ঘটাতে পারবেন।

শ্বাস-প্রশ্বাসকে হাতুড়ি মারার মতো ব্যবহার করা উচিত। এর ফলাফল পাওয়া সম্ভব। প্রথমত, শ্বাস যত জোরে ভেতরে আঘাত করা

হয়, আমাদের শরীরে লুকিয়ে থাকা জীবনীশক্তি তত বেশি জাগ্রত হয়। হয়তো আপনি জানেন না যে আমাদের সম্পূর্ণ দেহে যে শক্তি লুকিয়ে থেকে - কেবল আমাদের দেহেই নয়, সম্পূর্ণ জীবনে - এক ধরণের বিদ্যুত প্রবাহের সৃষ্টি করে। আমাদের শরীর যে শক্তি দিয়ে কাজ করে তাও এক ধরণের বিদ্যুত। আমরা একে জৈব বিদ্যুৎ বলতে পারি, এটি জীবন্ত বিদ্যুৎ। এই বিদ্যুৎ যত বেশি অক্সিজেন পায়, তত তীব্রভাবে জাগ্রত হয়। অতএব, অক্সিজেন ছাড়াই একজন ব্যক্তি মারা যাবে এবং যদি একজন মৃত ব্যক্তিকে অক্সিজেন দেওয়া যায়, তবে আমরা তাকে কিছুক্ষণের জন্য বাঁচিয়ে রাখতে পারি।

এই দশ মিনিটে, আপনাকে এত জোরে শ্বাস নিতে হবে যে আপনার ভেতরের সমস্ত বাতাস বেরিয়ে যাবে এবং বাইরে থেকে তাজা বাতাস আসবে। আপনার শরীরের ভিতরে অক্সিজেনের অনুপাত পরিবর্তন করতে হবে। এটি স্বয়ংক্রিয়ভাবে পরিবর্তিত হবে। এবং এত জোরে আঘাত করতে হবে যে শরীরে ঘুমন্ত শক্তি জেগে উঠতে শুরু করবে।

মাত্র পাঁচ মিনিটের অনুশীলনের মধ্যে, প্রায় ষাট শতাংশ মানুষের শরীরে কম্পন শুরু হবে। আপনি খুব স্পষ্টভাবে অনুভব করতে শুরু করবেন যে কিছু কম্পন এবং উত্থান হতে শুরু করেছে। যোগে এটিকে কুণ্ডলিনী বলে। যদি আমরা বিজ্ঞানকে জিজ্ঞাসা করি, এটিকে শরীরের বিদ্যুৎ বলবে। তা বলবে, এটি শরীরের বিদ্যুৎ।

পাঁচ মিনিট পর, আপনি আপনার শরীরের ভেতরে কিছু একটা কম্পন এবং উত্থান অনুভব করবেন। আপনার শরীর নতুন শক্তিতে ভরে যাবে। দশ মিনিট সম্পূর্ণ পরীক্ষা-নিরীক্ষার পর, আপনি বৈদ্যতিক হয়ে উঠবেন। আপনার পুরো শরীর বিদ্যুতের প্রবাহে পরিণত হবে। স্বাভাবিকভাবেই, ফলাফল আসবে। যখন শরীরে তীব্র কম্পন হয়, তখন শরীর কাঁপতে, কাঁপতে, নাচতে শুরু করবে।

আমি যে শ্বাস-প্রশ্বাসের কথা বলছি তা একেবারেই ছন্দহীন,পদ্ধতি হীন এবং আপনি গতকাল যা করেছিলেন আজ তা করতে পারবে না, কারণ এর কোনও পদ্ধতি নেই। আপনি গতকাল যা করেছিলেন আজ তা করতে পারবেন না, এমনকি আপনি যেমন ভাবে শুরু করেছিলেন,

শেষ পর্যন্ত একইভাবে করতে পারবে না। এটা এমনই থাকবে এবং একমাত্র যা বিবেচনা করা উচিত, তাহল আপনার মনের সমস্ত কন্ডিশন শিথিল করতে হবে।

তাই আমার নিজের ধারণা হল, আমি যা বলছি, আজ না হলেও, আগামীকাল, তা অনেক বড় থেরাপি হিসেবে প্রমাণিত হবে। আর আজ না হলে, আগামীকাল, এটি একজন পাগল ব্যক্তিকে সুস্থ করার একটি অপরিহার্য উপায় হয়ে উঠবে এবং যদি আমরা প্রতিটি শিশুকে স্কুলে এটি করতে পারি, তাহলে আমরা সেই শিশুটিকে পাগল না করার ব্যবস্থা করছি। সে কখনও পাগল হতে পারে না। এক সে রোগ প্রতিরোধ ক্ষমতা সম্পন্ন হয়ে উঠবে, এবং সে এই সমস্ত পরিস্থিতির কর্তা হয়ে উঠবে।

– ওশো

জিন খোজা তিন পাইয়া

এই বিশৃঙ্খল শ্বাস-প্রশ্বাস আপনার অতীতের সমস্ত কাঠামো ভেঙে দেবে। আপনি নিজের জন্য যে শৃঙ্খলা তৈরি করেছেন তা ধ্বংস করতে হবে। এই শ্বাস-প্রশ্বাস আপনার ভেতরে বিশৃঙ্খলা সৃষ্টি করে। এবং এটি আপনার ভেতরে অরাজকতা সৃষ্টি করে। সবকিছু বিঘ্নিত না হলে আপনার দমন করা আবেগ বেরিয়ে আসবে না। সেই আবেগগুলি এখন শরীরে প্রবেশ করেছে।

দশ মিনিটের বিশৃঙ্খল শ্বাস-প্রশ্বাস খুবই ভালো। কিন্তু একে প্রাণায়াম বানাবেন না। এটি কোনও যোগ অনুশীলন নয়। এই শ্বাস-প্রশ্বাস কেবল ভেতরে বিশৃঙ্খলা সৃষ্টি করার জন্য। এবং এর ফলে বিশৃঙ্খলা সৃষ্টি হওয়ার অনেক কারণ রয়েছে।

দ্রুত এবং গভীর শ্বাস-প্রশ্বাস আপনাকে আরও অক্সিজেন দেয়। শরীরে যত বেশি অক্সিজেন থাকবে, আপনি তত বেশি প্রাণবন্ত হয়ে উঠবেন, যেন এক অবলা প্রাণী। প্রাণীরা জীবিত আর মানুষ অর্ধেক মৃত, অর্ধেক জীবিত। আপনাকে আবার প্রাণী হয়ে উঠতে হবে। তবেই আপনার মধ্যে আরও ভালো কিছু জন্ম নিতে পারে। আপনি মিথ্যাবাদী। আপনি যদি অর্ধেক জীবিত থাকেন, তাহলে আপনার সাথে কিছুই করা যাবে না।

তাই এই বিশৃঙ্খল শ্বাস-প্রশ্বাস আপনাকে একটি প্রাণীর মতো করে তুলবে - জীবন্ত, প্রাণবন্ত, শক্তিশালী। আপনার রক্তে আরও অক্সিজেন প্রবেশ করবে, পেশীগুলিতে আরও রক্ত সঞ্চালিত হবে। আপনার শরীরের পেশীগুলি আরও প্রাণবন্ত হবে। প্রাণের প্রাচুর্য শরীরে একটি বৈদ্যুতিক শক্তি তৈরি করে। আমরা একে জৈব শক্তিও বলতে পারি। যখন শরীরে বিদ্যুৎ তৈরি হয়, তখন এর ভিত্তিতে আপনি আরও গভীরে যেতে পারেন - নিজের বাইরেও। কারণ সেই বিদ্যুৎ আপনার ভিতরে কাজ করে। এই মুহূর্তে, আপনি যেভাবে আছেন, আপনি সম্পূর্ণ মৃত, অথবা অর্ধমৃত। সম্পূর্ণ মৃত থাকাই ভালো। সম্পূর্ণ যেকোনও কিছু ভালো কিন্তু অসম্পূর্ণতা ভালো নয়।

শরীরের নিজস্ব বৈদ্যুতিক উৎস আছে। যদি আপনি তাকে আরও বেশি শ্বাস-প্রশ্বাস, আরও অক্সিজেন দিয়ে আঘাত করেন, তাহলে সেগুলি প্রবাহিত হয়। আর যদি আপনি সত্যিই জীবিত হন, তাহলে আপনি অশরীরী হয়ে যাবেন। যখন আপনি জীবিত থাকবেন তখন আপনি নিজেকে শক্তিশালী হিসেবে অনুভব করবেন, বস্তু হিসেবে নয়। এখন আপনি অর্ধমৃত, তাই শরীর বোঝার মতো লাগবে। আপনার অর্ধমৃত অংশটি বোঝা হয়ে ওঠে এবং মাধ্যাকর্ষণ শক্তির চাপে নিচের দিকে যেতে থাকে। যদি আপনি উপরের দিকে উঠতে চান, তাহলে নিজেকে শক্তি হিসেবে অনুভব করা খুবই গুরুত্বপূর্ণ।

আমন্ত্রণের প্রথম পর্যায়ে, দশ মিনিট ধরে ভস্ত্রিকা অনুশীলন করতে হবে, দ্রুত শ্বাস-প্রশ্বাসের অনুশীলন করতে হবে। প্রথম পর্যায়ে, দশ মিনিট ধরে যত দ্রুত সম্ভব শ্বাস নিতে হবে এবং শ্বাস ছাড়তে হবে। এলোমেলোভাবে, কোনও ক্রমে নয়। ঠিক যেমন কামারের হাপর কাজ করে।

এলোমেলো, কারণ শ্বাস-প্রশ্বাস যত বেশি এলোমেলো হবে, শ্বাস-প্রশ্বাস তত বেশি অরাজক হয়ে উঠবে, এটি আপনার মনের রুটিন ভাঙতে তত বেশি সাহায্য করে। প্রতিদিনের মতো একইভাবে শ্বাস-প্রশ্বাস নিয়ে আপনার মন পরিবর্তন করার কোনও উপায় নেই। আপনার শ্বাস-প্রশ্বাস পরিবর্তন করতে হবে। তাহলে আপনার মনে পরিবর্তনের সম্ভাবনা রয়েছে। মনোযোগ কেবল তীব্রতার উপর রাখতে হবে। আপনাকে দশ মিনিটের জন্য এত জোরে শ্বাস নিতে হবে এবং

শ্বাস ছাড়তে হবে যে আপনি ভুলে যাবেন যে আর কিছু বাকি আছে, কেবল শ্বাসই রয়ে গিয়েছে। সমস্ত শক্তি শ্বাস-প্রশ্বাসে বিনিয়োগ করা উচিত।

এর তিনটি ফলাফল পাওয়া সম্ভব। প্রথম ফলাফল হবে ধীরে ধীরে আপনি শরীরের সচেতনতা হারাবেন এবং আপনার কাছে জীবন এবং শ্বাস-প্রশ্বাসের সচেতনতা থাকবে। এটি ভিতরের যাত্রার প্রথম ধাপ। দ্বিতীয় ফলাফল হবে বিদ্যুৎ, শরীরের বিদ্যুৎ পুরো শরীরে চলতে শুরু করবে। পুরো শরীর কাঁপতে শুরু করবে এবং বিদ্যুতের কম্পন পুরো শরীরে প্রতিধ্বনিত হতে শুরু করবে। বিদ্যুতের কম্পন শরীরে প্রতিধ্বনিত হওয়া খুবই গুরুত্বপূর্ণ, এটি ছাড়া আমরা ভিতরে প্রবেশ করতে পারি না। আমরা তখনই লাফ দিতে পারি যখন আমাদের সমস্ত শক্তি সম্পূর্ণরূপে জাগ্রত হয়।

আর তৃতীয় ফলাফল হবে এই যে, আপনি কুণ্ডলিনী শব্দটি শুনেছেন, আপনার শরীরে বিদ্যুৎ চলাচল শুরু হওয়ার সাথে সাথেই আপনার মেরুদণ্ডেও খুব তীব্র কম্পন শুরু হবে, মেরুদণ্ডের উপর কিছু একটা উঠতে শুরু করবে, যেন নিচ থেকে কিছু একটা উপরের দিকে ভ্রমণ শুরু করেছে।

এই তিনটি ফলাফল প্রথম পরীক্ষাতেই ঘটত, যদি আপনি প্রথম পরীক্ষাটি করে থাকেন। এটা শুধু আপনার কাজ করার ব্যাপার। যদি আপনি তা না করেন, তাহলে তা সম্ভব হবে না, যদি আপনি এটা করেন, তাহলে এটা হবেই। আপনাকে যত দ্রুত সম্ভব শ্বাস নিতে হবে, প্রথম দশ মিনিটে নিজের সমস্ত শক্তি ঢেলে দিতে হবে এবং দ্বিতীয় ধাপটি তখনই সম্ভব হবে যখন প্রথম ধাপটি সঠিকভাবে সম্পন্ন হবে, অন্যথায় তা হবে না।

বিঃদ্রঃ: রাতে ঘুমানোর সময় নাকে দুই ফোঁটা বাদাম তেল বা বাদাম নির্যাস দিন। এটি সকালে গভীর এবং দ্রুত শ্বাস নিতে সাহায্য করবে এবং শুষ্কতা থাকবে না।

দ্বিতীয় পর্যায়

দশ মিনিট পর সঙ্গীতের সুর বদলে যাবে, দ্বিতীয় পর্যায় হবে দশ মিনিটের ক্যাথারসিসের। প্রথম পর্যায়ে যে শক্তি জাগ্রত হয়েছে তা ক্যাথারসিসে সাহায্য করবে। শুরুতে, যদি এত শক্তি জাগ্রত না হয়, আমরা ক্যাথারসিসের সময় শরীর ও মনকে সাহায্য করব। ক্যাথারসিস মানে শরীর ও মন যা করতে চায়, হাসতে, চিৎকার করতে, লাফালাফি করতে, রাগ করতে, গালিগালাজ করতে, যা করতে চায়, তাকে তা করতে দিন। শুরুতে, আমরা কিছু না কিছু করব, এমনকি যদি কিছুই না ঘটে, স্থির থাকবেন না, হাত-পা নাড়াতে থাকবেন, অন্যদের বিরক্ত করবেন না। আপনার কল্পনায় সবকিছু করুন। আমরা অবচেতনে যা কিছু চাপা দিয়েছি, কান্না, হাসি, রাগ, গালিগালাজের অনুভূতি ইত্যাদি, সেগুলি সব ঢেলে দিন। সম্পূর্ণ সচেতনভাবে পাগল হয়ে যান। শুরুতে, আমরা দ্বিধা বোধ করব, এটি সম্পূর্ণরূপে করতে সক্ষম হব না, তবে চিন্তা করবেন না, এটি দলবদ্ধ ভাবে করলে সহজ হয়ে উঠবে। কয়েক দিন ধরে দলের সাথে করার পরে, আপনি সহজেই এটি একা করতে পারবেন। শরীর ও মনকে পূর্ণ স্বাধীনতা দিতে হবে, তাদের নিয়ন্ত্রণ করার চেষ্টা করবেন না, দশ মিনিটের জন্য ছেড়ে দিন।

ওশোর ধর্মোপদেশ

সাধারণত আমরা নিজেদেরকে সংযত রাখি। আমাদের সারাজীবন ধরে সবকিছু সংযত রাখার অভ্যাস আছে। আমরা হাসতে চাইলেও মৃদু ভাবে হাসি। আমরা জোরে হাসি না। কাঁদতে চাইলেও আমরা নিজেদের নিয়ন্ত্রণ করি কারণ কান্না ভালো নয়। নাচের প্রশ্নই আসে না, লাফানোর প্রশ্নই আসে না, হাত-পা নাড়ানোর প্রশ্নই আসে না। আমরা জীবনে সবকিছু সংযত রাখার চেষ্টা করি।

যখন আপনার ভেতরের শক্তি জাগ্রত হবে, তখন আপনার ভেতরে যা কিছু অবরুদ্ধ, তা প্রকাশ পেতে চাইবে। আপনি এটা বন্ধ করার চেষ্টা করতে পারেন, কিন্তু এটা বন্ধ করলে অনেক ক্ষতি হবে, কারণ যদি আপনি জাগ্রত শক্তি বন্ধ করে দিতে চান, তাহলে তা আপনার জন্য শারীরিকভাবে ক্ষতিকারক প্রমাণিত হবে। এর জন্য আমি দায়ী থাকব না। ধ্যানের অনুশীলন কেবল বৃথা যাবে না, বরং ক্ষতিও করবে। শরীরে গ্রন্থি এবং গিঁট তৈরি হবে। যে শক্তি বেরিয়ে আসতে চায় তা বন্ধ করলে, তা ক্ষতিকারক হয়ে উঠবে।

প্রথম পর্যায়ের পর শক্তি উৎপন্ন হওয়ার সাথে সাথে, আপনি যা করতে চান, তাতে সম্পূর্ণ সহযোগিতা করুন। কেউ নাচতে শুরু করে, কেউ চিৎকার করতে শুরু করে, কেউ কাঁদতে শুরু করে, কেউ হাসতে শুরু করে, কেউ অগোছালো ভঙ্গি করতে শুরু করে, কেউ আসন করতে শুরু করে। শরীর যা করতে চায়, তাকে সম্পূর্ণরূপে সেই কাজ করতে ছেড়ে দিন যেন আমাদের কোনও উদ্দেশ্য নেই, আমাদের কেবল সহযোগিতা করতে হবে। এতটাই তীব্রতার সাথে সহযোগিতা করুন, যাতে হাতটি যদি নড়াচড়া করতে চায়, তবে সম্পূর্ণরূপে সমর্থন করে, নড়াচড়া করতে দিন। যাতে এটি সম্পূর্ণরূপে নড়াচড়া করে। থেমে গেলেই ক্ষতি, সহযোগিতা করার প্রচুর সুবিধা রয়েছে।

যদি আপনি পূর্ণ সহযোগিতা করেন, তাহলে কে জানে আপনার শরীরের কত রোগ হঠাৎ করেই চলে যাবে। কে জানে আপনার মনের কত রোগ - রাগ, কাম, লোভ লুপ্ত হবে, আপনি হঠাৎ দেখতে পাবেন যে আপনার মন হালকা হয়ে গিয়েছে এবং সেগুলি দূর হয়ে গিয়েছে। দুঃখ, শোক, যন্ত্রণা, শত্রুতা, ঈর্ষা, প্রভৃতি সবই দূর হয়ে যায়। যদি আপনি আপনার শরীরকে পুরোপুরি খেলার সুযোগ দেন, তাহলে শুধু আপনার শরীরই নয়, আপনার মনও ক্যাথারসিস পায়, শুদ্ধ হয়।

দশ মিনিটের সবচেয়ে বড় ব্যবহার হল, শরীর পরিষ্কার হয়ে যাবে। এর পরেই আমরা ধ্যানে প্রবেশ করতে পারব। যেমন কেউ যখন পাহাড়ে আরোহণ করে, তখন সে নীচের সমস্ত বোঝা ছেড়ে দেয়, বোঝা যদি তার সাথে থাকে তবে পাহাড়ে আরোহণ করা অসম্ভব। উচ্চতা বাড়ার সাথে সাথে বোঝাটিও পিছনে ফেলে আসতে হয়। ধ্যানের উচ্চতা এবং গভীরতা রয়েছে। সেই পর্যন্ত পৌঁছাতে হলে,

সমস্ত বোঝা ছেড়ে দেওয়া খুবই গুরুত্বপূর্ণ। এই কারণেই যারা দ্বিধাগ্রস্ত তাদের সময় নষ্ট হবে। যারা শিষ্টাচার মেনে ধ্যান করে তাদের সময় নষ্ট হবে এবং কেবল সময়ই নষ্ট হবে না, যদি প্রথম পদক্ষেপটি সম্পন্ন হয়ে থাকে - তবে তার ইতিবাচক ক্ষতি হবে।

সবাই তার কাজে ব্যস্ত থাকবে, কারোর প্রতি কারোরই কোনও আগ্রহ থাকবে না, কেউ কারোর দিকে তাকাবে না, কেউ কারো দিকে তাকাতে আগ্রহী হবে না। অনেক বন্ধুর এমন অভিজ্ঞতা হবে যে শরীর এত তীব্রতার সাথে হালকা হয়ে যাবে যে সামান্য কাপড়ও পাহাড়ের মতো ভারী বলে মনে হবে, পাথরের মতো লাগবে। মহাবীর উলঙ্গ হওয়ার জন্য পাগল ছিলেন না। উলঙ্গ হওয়ার একটা কারণ আছে এবং সেই ধ্যান অনুশীলনের পর শত শত মানুষ উলঙ্গ হয়ে যান, তার একটা কারণ আছে। এমন নয় যে সেই নগ্নতা আপনার জন্য প্রয়োজনীয় বলে মনে হবে। মন হালকা হয়ে গেলে আপনি ফিরে আসবেন। আপনি এই পৃথিবীতে আরও সরাসরি এবং স্পষ্ট হতে সক্ষম হবে।

দ্বিতীয় পর্যায়ে মনোযোগ দেওয়া খুবই গুরুত্বপূর্ণ কারণ এটি সবচেয়ে গুরুত্বপূর্ণ। এটি তৃতীয় স্তরে প্রবেশের জন্য একটি সংযোগ, সেতু হিসেবে কাজ করে এবং দ্বিতীয়টি সবচেয়ে কঠিন পর্যায়। আপনি স্বাধীনভাবে নাচতে পারবেন না, চিৎকার করতে পারবেন না, কাঁদতে পারবেন না, দুলতে পারবেন না। এতে বাধা তৈরি হবে। কে জানে আপনার মন থেকে কী বের হতে শুরু করবে। পশুর মতো শব্দ বের হতে শুরু করবে, আপনি ভয় পাবেন যে 'আমি কীভাবে তা বের করব?' একে বেরিয়ে আসতে দিন। যা ঘটছে তা মেনে নিন এবং সম্পূর্ণরূপে সমর্থন করুন। যদি আপনি এটিকে সম্পূর্ণরূপে সমর্থন করতে পারেন তবে ফলাফল নিশ্চিত। আশ্চর্যজনক ফলাফল আসবে, যা আপনি কল্পনাও করতে পারবেন না।

দ্বিতীয় পর্যায় সম্পন্ন হলে, আমরা তৃতীয় পর্যায়ে প্রবেশ করতে পারব। তাই আমাদের দ্বিতীয় পর্যায়ে আটকে থাকা উচিত নয়। দ্বিতীয় পর্যায়ে আটকে থাকা প্রথমটির চেয়েও বেশি ক্ষতিকারক, কারণ যখন শরীর কাজ শুরু করে, তখন আপনি কোন ধরণের নতুন রোগ, নতুন মানসিক ব্যাধিকে আমন্ত্রণ জানাতে পারেন, তা কেউ জানে না। সবকিছুর ক্ষতি যতটা উপকার ততটাই। তাদের পরিমাণ সমান। যদি

আপনি সুবিধা গ্রহণ করেন, তাহলে তা সম্পূর্ণরূপে গ্রহণ করুন, অন্যথায় আপনার ক্ষতি হবে। অন্যথায় এটি একেবারেই করবেন না। আপনি যেখানে আছেন সেখানেই ভালো। আপনি যদি কিছু করতে চান, তাহলে সম্পূর্ণ বোধগম্যতার সাথে এটি করুন এবং সম্পূর্ণরূপে পরীক্ষা করুন যাতে কেউ ক্ষতিগ্রস্থ না হয়।

দ্বিতীয় পর্যায়ে যখন সমস্ত ধরণের নড়াচড়া শুরু হয়, তখন আপনি অনুভব করতে শুরু করবেন যে শরীর আলাদা। এটি হল দ্বিতীয় পর্যায়ের মূল্যবান অভিজ্ঞতা। যখন শরীর নাচবে, চিৎকার করবে, পশুর মতো শব্দ করতে শুরু করবে - কিছু বলতে শুরু করবে, কাঁদতে শুরু করবে, হাসতে শুরু করবে, তখন প্রথমবারের মতো আপনি বুঝতে পারবেন যে আপনি আলাদা হয়ে দাঁড়িয়ে আছেন এবং দেখছেন... এই শরীর কী করছে। এটাই হবে আপনার প্রথম অভিজ্ঞতা, যেটা আমি একজন সাক্ষীর মতো দেখছি, তা কাঁদছে।

আমরা অনেক শুনেছি যে আমি আলাদা এবং এই শরীর আলাদা। এটি এমন কথা, যা আমরা শুধু শুনেছি। এটি দ্বিতীয় পর্যায়ের ফলাফল যেখানে আমরা অনুভব করি যে আমি আলাদা এবং শরীর আলাদা। এই অভিজ্ঞতা হওয়ার সাথে সাথে আমরা তৃতীয় পর্যায়ে চলে যাব।

স্থূল দেহকে শুদ্ধ করা সহজ

আমার মতে, বিপরীতটি সত্য এবং আমার মতে, আমাদের এবং পাগলদের মধ্যে কোনও মৌলিক পার্থক্য নেই। আমরা সকলেই চাপা পাগল, আমাদের উন্মাদনা দমন করা হয়েছে। অথবা আমাদের বলা উচিত যে আমরা কিছুটা স্বাভাবিক ধরণের পাগল অথবা আমাদের বলা উচিত যে আমরা গড়পড়তা পাগল, গড়ে পাগল। আমরা সমস্ত পাগলের সাথে সামঞ্জস্যপূর্ণ। আমাদের মধ্যে যারা আমাদের থেকে কিছুটা এগিয়ে যায় তারা কিছু সমস্যায় পড়ে। কিন্তু আমাদের সকলের মধ্যেই উন্মাদনা রয়েছে এবং আমাদের সকলের মধ্যে থাকা উন্মাদনাও তার পথ খুঁজে পায়।

যখন আপনি রেগে যান, এক অর্থে তখন আপনি ক্ষণিকের উন্মাদনায় আচ্ছন্ন। সেই সময় আপনি এমন কিছু করেন যা আপনি সচেতন থাকাকালীন কখনও করতে পারবেন না। আপনি গালিগালাজ

করেন, পাথর ছুঁড়ে মারেন, জিনিসপত্র ভাঙেন, ছাদ থেকে লাফ দেন, আপনি যেকোনও কিছু করতে পারেন। যদি কোনও পাগল এটা করতো, তাহলে আমরা বুঝতে পারতাম। কিন্তু যদি কোনও সাধারণ মানুষ রাগের বশে এটা করে, তাহলে আমরা বলি, সে রেগে ছিল। কিন্তু এটা একই রকম বিষয়। যদি এই জিনিসগুলি তার ভেতরে না থাকতো, তাহলে এগুলি আসতে পারে না, এগুলি তার ভেতরেই আছে। আর আমরা এইসব একসাথে ধরে রাখছি।

আমার নিজের ধারণা হল ধ্যানের আগে এই সমস্ত কিছু দূর করা প্রয়োজন। এগুলি যত বেশি দূর করা হবে, আপনার মন তত হালকা হবে। অতএব, ধ্যানের পুরনো প্রক্রিয়ায় যে কাজ বছরের পর বছর ধরে করা হত, যেখানে আপনি সিদ্ধাসনে বসতেন, তা এই প্রক্রিয়ায় কয়েক মাসেই সম্পন্ন হবে। এই প্রক্রিয়ায় যা জীবনকাল সময় নেয়, তা এই প্রক্রিয়ায় কয়েক দিনে করা যেতে পারে। কারণ এর বহিষ্কার সেই প্রক্রিয়াতেই করতে হত, আর এটি এই প্রক্রিয়াতেই করতে হত, কিন্তু এই প্রক্রিয়ার নড়াচড়া ভৌত দেহকে বন্ধ করে এবং ইথেরিক বডি দ্বারা সম্পন্ন করতে হয়।

এবার একটু ভিন্ন ব্যাপারে কথা বলব। আপনাকে এটা করতেই হত, কাঁদতে হত, যদিও কান্না যদি ভেতরে চাপা থাকে তাহলে তা ছেড়ে দেওয়া দরকার এবং ভেতরে যদি হাসি থাকে তাহলেও তা ছেড়ে দেওয়াও দরকার এবং যদি চিৎকার করার ইচ্ছা থাকে তাহলে তাও বেরিয়ে আসা উচিত। কিন্তু যদি আপনি গভীরভাবে ভৌতিক শরীর অনুশীলন করে থাকেন এবং ঘণ্টার পর ঘণ্টা নিজেকে স্থির রাখতে পারেন, তাহলে আপনি এই সমস্ত কিছু ইথেরিক শরীর থেকে মুক্ত করতে পারেন, আপনার অন্য শরীর থেকে মুক্ত হতে পারেন। তাহলে কেউ এটা দেখতে পাবে না, শুধু আপনিই দেখতে পাবেন। তারপর আপনি সমাজের সাথে একটা সুরক্ষার বলয় তৈরি করে ফেলবেন। এখন কেউ জানবে না যে আপনি নাচছেন, অথচ ভেতরে ভেতরে আপনি নাচছেন। এই নৃত্য হবে আপনার স্বপ্নে, যে নৃত্য করেন, এই নৃত্য হবে সেই রকম। ভেতরে আপনি নাচবেন, ভেতরে আপনি কাঁদবেন, ভেতরে আপনি হাসবেন, কিন্তু আপনার ভৌতিক শরীর এর

কোনও খবর দেবে না, এটা স্থির বসে থাকবে, এর কোনও কম্পন এতে আসবে না।

শারীরিক চাহিদা দমনের কারণে পাগলামির সম্ভাবনা

আমার ব্যক্তিগত মতামত হল, এত ছোট জিনিসের জন্য এত কষ্ট করা অর্থহীন এবং বছরের পর বছর ধরে একজন ব্যক্তিকে আসন অনুশীলন করানোর এবং তারপর তাকে ধ্যানে নিয়ে যাওয়ার কোনও অর্থ নেই। অন্যদিকেও সম্ভাবনা রয়েছে। এমন সম্ভাবনা রয়েছে যে যদি আমাদের শরীরের খুব গভীর গন্ধ থাকে, আর যদি সেই ব্যক্তি তার শারীরকে দমন করে, তাহলে এমনও হতে পারে যে ইথেরিক শরীরও কম্পিত নাও হতে পারে এবং সে কেবল মূর্তির মতো বসে থাকতে পারে এবং সেই অবস্থায় ভিতরে কোনও গভীর প্রক্রিয়া নাও হতে পারে, কেবল বাইরে থেকে বসে থাকার অভ্যাস ঘটতে পারে এবং এমনও আশঙ্কা রয়েছে যে যেহেতু এই সমস্ত নড়াচড়া সেই অবস্থায় ঘটতে পারে না, তাই এই সমস্ত দমন একসাথে ঘটে থাকে, আর সে যেকোনও সময় পাগল হয়ে যেতে পারে।

দেখা গিয়েছে যে বৃদ্ধ সাধকরা অনেক সময় পাগল হয়ে গিয়েছেন, তারা পাগল হয়ে যেতেন। যদি একজন পাগলও আমি যে প্রক্রিয়াটি বর্ণনা করছি তা ব্যবহার করার চেষ্টা করে, তবে সে এক বা দুই মাসের মধ্যে পাগলামি থেকে মুক্তি পাবে। একজন সাধারণ মানুষ এই প্রক্রিয়ায় কখনও পাগল হতে পারে না, কারণ আমরা পাগলামি দমন করার চেষ্টা করছি না, আমরা এটি দূর করার চেষ্টা করছি। পুরানো সাধনা হাজার হাজার মানুষকে পাগল করে তুলেছে। আমরা এর ভালো নাম দিতাম - কখনও একে বলা হত উন্মাদনা, কখনও পরমানন্দ, কখনও হর্ষ উন্মাদনা। আমরা একে যেকোনও কিছু বলতাম, আমরা বলতাম যে মানুষটি পরমানন্দ লাভ করেছে, সে একজন সাধু হয়ে উঠেছে, সে এই লাভ করেছে, সে ওই হয়ে উঠেছে। কিন্তু সে পাগল হয়ে গিয়েছে, সে এমন কিছুকে এতটাই দমন করেছে যে তা তার নিয়ন্ত্রণের বাইরে চলে গিয়েছে।

এই প্রক্রিয়ার প্রথম কাজ হল ক্যাথারসিস

এই প্রক্রিয়ায় দ্বৈত কাজ দেখা যায়। প্রথম কাজ হল ক্যাথারসিস, অর্থাৎ প্রথম কাজ হল মুক্তি, আপনার ভেতরে যে আবর্জনা চাপা পড়ে আছে তা বাইরে ফেলে দেওয়া উচিত। প্রথমে আপনি হালকা হয়ে যান,

আপনি এত হালকা হয়ে যান যাতে আপনার ভেতরের পাগলামির সমস্ত সম্ভাবনা কমে যায়, তারপর আপানি নিজের ভেতরে ভ্রমণ করার চেষ্টা করুন।

তাই এই প্রক্রিয়ায়, যেখানে আপাত উন্মাদনা দৃশ্যমান, এটি একটি গভীর উন্মাদনা থেকে মুক্তির প্রক্রিয়া এবং আমি চাই আমাদের ভিতরে যা আছে তা বেরিয়ে আসুক। এর বোঝা, এর উত্তেজনা, এর উদ্বেগ বাদ দেওয়া উচিত।

এবং এটি একটি খুব আকর্ষণীয় বিষয় যে যদি উন্মাদনা আপনার উপর আসে, তাহলে এখন আপনি তার মালিক নন, কিন্তু আপনি যে উন্মাদনা নিয়ে এসেছেন, আপনি চিরকালের জন্য তার মালিক। এবং একবার আপনি পাগলামির মালিকানা জানতে পারলে, সেই উন্মাদনা কখনই আপনার উপর আসতে পারে না যাতে এটি আপনার মালিক হয়ে যায়।

এখন একজন মানুষ নাচছে, গান করছে, চিৎকার করছে, কাঁদছে, হাসছে - সে পাগলের মতোই সবকিছু করছে, কিন্তু পার্থক্য শুধু একটাই যে, পাগলের সাথে এই ঘটনাগুলি ঘটে, সে এটা করছে, কিন্তু তার সহযোগিতা ছাড়া এগুলি ঘটছে না। যদি সে এক সেকেন্ডের মধ্যে চায় যে এটা যথেষ্ট, তাহলে এই সব বন্ধ হয়ে যায়। এখন তাকে উপর কোনও পাগলামি চেপে ধরতে পারেনা, কারণ সেই পাগলামি বেঁচে আছে, সে তা দেখেছে, এর সাথে সে পরিচিত। এটা তার স্বেচ্ছায় পরিণত হয়েছে, তার পাগল হওয়াও তার স্বাধীন ইচ্ছার অধীনে এসেছে। আমাদের সভ্যতা আমাদের যা কিছু শিখিয়েছে, ততই পাগলামি আমাদের ইচ্ছার বাইরে চলে গিয়েছে, এটা স্বেচ্ছায় পরিণত হয়েছে। তাই যখন এটি আসে, তখন আমরা কিছুই করতে পারি না।

আসন্ন সভ্যতার উন্মাদনার সমাধানের জন্য ধ্যানের মাধ্যমে একটি পথ গড়ে তোলা প্রয়োজন

আমি এই প্রক্রিয়াটিকে আসন্ন সভ্যতার জন্য অত্যন্ত মূল্যবান বলে মনে করি, কারণ ভবিষ্যতের সমগ্র সভ্যতা প্রতিদিন পাগলামির দিকে এগিয়ে যাচ্ছে, এবং প্রতিটি ব্যক্তির এই পাগলামির হাত থেকে রেহাই পাওয়ার জন্য একটি পথের প্রয়োজন, এবং অন্য কোনও উপায়

নেই। যদি সে এক ঘণ্টা ধ্যানের অভ্যাস ছেড়ে দেয়, তাহলে মানুষ ধীরে ধীরে এটি গ্রহণ করতে আরও আগ্রহী হয়ে ওঠে; তাই তাদের ধ্যান করাটা খুবই জরুরি। যদি কোনও ব্যক্তি নিজের এই পাগলামি রাস্তায় দেখায়, তাহলে পুলিশ তাকে গ্রেপ্তার করবে। যদি কোনও সম্পর্কের ক্ষেত্রে এই মনোভাব দেখায়, তাহলে সম্পর্ক খারাপ হয়ে যাবে এবং তা কুৎসিত হয়ে উঠবে। সে যদি কারো সাথে লড়াইয়ের সময় এটি দেখায়... তাহলে তাকে এটি ত্যাগ করতে হবে, অন্যথায় সে সমস্যায় পড়বে। তাকে এই মনোভাব কোথাও না কোথাও দেখাতেই হবে, সুতরাং সে উপায় খুঁজে বের করতে থাকবে—কখনও কখনও সে মদ্যপানের পরে এমন মনোভাব দেখাবে, কখনও কখনও সে নাচ করে নিজেকে হাল্কা করার চেষ্টা করবে। কিন্তু এত হৈচৈ কেন?

এখন বলা যায়, এটি টুইস্ট হোক বা অন্য ধরণের নৃত্য, এগুলি আকস্মিক নয়। মানবদেহ ভেতর থেকে নড়াচড়া করতে চায়; আমাদের নড়াচড়ার জন্য কোনও জায়গা অবশিষ্ট থাকে না। তাই, তাকে এমন ব্যবস্থা করতে হয়। তারপর, ব্যবস্থার মধ্যেই, আরও ফাঁদ তৈরি হয়। আসুন আমরা কোনও ব্যবস্থা ছাড়াই এমনটি করতে বাধ্য হই। সুতরাং, ধ্যান হল কোনও ব্যবস্থা ছাড়াই এর থেকে মুক্তি পাওয়ার উপায়। আমরা কোনও ব্যবস্থা করছি না, আমরা কেবল এর থেকে রেহাই পাওয়ার চেষ্টা করছি এবং আমরা বিশ্বাস করি যে তা ভিতরে আছে এবং বেরিয়ে আসা খুবই জরুরি।

যদি আমরা প্রতিটি শিশুকে শিক্ষার পাশাপাশি ক্যাথারসিস শেখাতে পারি, তাহলে পৃথিবীতে পাগলের সংখ্যা ব্যাপকভাবে হ্রাস করা যেত, পাগলামির ধারণাটিও নির্মূল হতে পারে। অথচ তা প্রতিদিন বৃদ্ধি পাচ্ছে, এবং সভ্যতা যত এগিয়ে চলেছে, তাও বৃদ্ধি পাচ্ছে। কারণ সভ্যতা আপনাকে কেবল থামতে শেখায়! সভ্যতা আপনাকে জোরে হাসতে, জোরে কাঁদতে, নাচতে বা চিৎকার করতে দেয় না। সভ্যতা চারদিক থেকে চাপ প্রয়োগ করে, এবং আপনার ভিতরে যাই কিছু ঘটে যাক না কেন তা দমিয়ে রাখার চেষ্টা করে, এবং একদিন তা ফেটে যায়, এবং যখন তা ঘটে, তখন তা আপনার নিয়ন্ত্রণের বাইরে চলে যায়।

তাই ক্যাথারসিস হল এর প্রথম অংশ, যেখানে এটিকে মুক্ত করা যায়। এই কারণেই আমি চাই শরীরের দাঁড়িয়ে থাকুক, কারণ তখন

আপনি শরীরের সামান্যতম নড়াচড়াও বুঝতে পারবেন এবং আপনি নড়াচড়া করতে সক্ষম হবেন, আপনি সম্পূর্ণ মুক্ত হয়ে উঠবেন। এই কারণেই আমি প্রার্থনা করি যে অন্বেষণকারী যখন তার ব্যক্তিগত ঘরে পরীক্ষা-নিরীক্ষা করবে তখন যেন ঘরটি বন্ধ রাখে - কেবল দাঁড়িয়ে থাকা নয়, বরং নগ্ন থাকাও, এই ক্ষেত্রে পোশাকও তাকে বাধাগ্রস্ত করে তুলতে পারে। তার সর্বোপরি চলাফেরা করার স্বাধীনতা থাকা উচিত। সামান্য নড়াচড়া করলেই, তার সমগ্র সত্তায় এমন কোনও বাধা থাকবে না যা তাকে আটকে রাখবে। তাহলে, ধ্যানের অগ্রগতি খুব দ্রুত ঘটবে। হঠ যোগ এবং অন্যান্য যোগব্যায়াম জীবনের বছরগুলিতে যা সময় নিয়েছে, তা এই ধ্যান অনুশীলনের মাধ্যমে কয়েক দিনেই অর্জন করা সম্ভব।

দ্বিতীয় পর্যায়ে মানসিক জটিলতা দূরীকরণ

দ্বিতীয় পর্যায়ে, আমি শরীর ত্যাগের কথা বলছি। শ্বাস-প্রশ্বাস গভীর রাখতে হবে। আমি শরীর ত্যাগের কথা বলছি কারণ এর অনেক প্রভাব রয়েছে; আমি এই বিষয়ে দুই বা তিনটি আলোচনা করব।

প্রথমত, তোমাদের শরীরে হাজার হাজার উত্তেজনা জমে আছে, যার সম্পর্কে তোমরা অবগত নও। সভ্যতা আমাদের এতটাই অস্বস্তিকর করে তুলেছে যে, কারো উপর রাগ করলেও তোমদের হাসতে হয়। শরীর কিছুই জানে না। শরীর তোমাদের বলে তাদের শ্বাসরোধ করতে, আর তোমাদের মুষ্টি মুঠো করে রাখা উচিত। কিন্তু তোমরা হাসতে থাকো, আর মুষ্টি মুঠো করো না। তাই, তোমাদের শরীরের পেশীগুলি, যারা তোমাদের মুষ্টি মুঠো করতে প্রস্তুত ছিল, তারা খুব কষ্টে পড়ে যায়। তারা বুঝতেও পারে না কী হচ্ছে। মুষ্টি মুঠো করে রাখা উচিত ছিল। এখন, যারা রাগের সম্পর্কটি গভীরভাবে বোঝেন তারা বলবেন, "আমি তোমাদের বলব, যদি তোমরা রেগে যাও, তাহলে মিথ্যাভাবে হাসার পরিবর্তে, পাঁচ মিনিটের জন্য টেবিলের নীচে শক্ত করে হাত মুঠো করে রাখো এবং তারপর ছেড়ে দাও।" আর তখন তোমার যে হাসি পাবে তা হবে অন্য ধরণের।

মানুষ সভ্য হয়ে উঠেছে, এই সম্পর্কে আমাদের শরীরের কোনও ধারণা নেই। দেহের সকল কাজ সম্পূর্ণ যান্ত্রিক। কিন্তু মানুষ সবকিছুর উপর বিধিনিষেধ আরোপ করেছে। এই বিধিনিষেধের কারণে, শরীরে

হাজার হাজার উত্তেজনা জমা হয়েছে, এবং যখন অনেক উত্তেজনা জমা হয়, জটিলতা তৈরি হয়, তখনই গ্রন্থি তৈরি হয়। তাই যখন আমি তোমাকে বলি যে শরীরকে সম্পূর্ণরূপে ছেড়ে দাও, তখন শৈশবকাল থেকে তোমার জমা হওয়া হাজার হাজার গ্রন্থি ভেঙে যেতে শুরু করে, গলে যেতে শুরু করে। এই গলন অপরিহার্য। অন্যথায়, তুমি কখনই দেহের থেকে মুক্তি লাভ করতে পারবে না, শরীরকে অতিক্রম করতে পারবে না। যখন শরীর ফুলের মতো হালকা হয়ে যাবে, সমস্ত গ্রন্থি মুক্ত হয়ে উঠবে...।

তুমি হয়তো মহাবীরের একটি নাম শুনেছ। মহাবীরের একটি নাম হল নির্গ্রন্থ। নামটি বেশ আশ্চর্যজনক। এর অর্থ জটিলতা-হীন। নির্গ্রন্থ মানে যার সমস্ত গ্রন্থি এবং গিঁট অদৃশ্য হয়ে গিয়েছে, যার ভিতরে আর কোনও গিঁট নেই, যিনি সম্পূর্ণ সরল, নির্দোষ হয়ে উঠেছেন।

তো, আমাদের ভেতরে আছে এই গ্রন্থির জাল, এমনকি যদি এটি মুক্ত হতে চায়, তবুও তুমি এটিকে ছেড়ে দাও না। তোমার সভ্যতা, শিষ্টাচার, সংস্কৃতি, লজ্জা—কেউ একজন মহিলা, কেউ উচ্চ পদে অধিষ্ঠিত, কেউ কিছু, কেউ কিছু—এটিকে এত শক্ত করে ধরে রেখেছে যে এটি ত্যাগ করা অসম্ভব হয়ে উঠেছে।

আজ, একজন মহিলা আমার কাছে এসে বললেন যে তিনি সর্বদা ভয় পান যে কেউ তাকে স্পর্শ করতে পারে। তাই, বেচারা মহিলাটি আজ দূরে গিয়ে একান্তে বসে থাকার কথা ভাবছে। কিন্তু কয়েকবার ঘুরে দাঁড়ানোর পরে কেউ তার কাছে পৌঁছে যায়, এবং তিনি আবার সমস্যায় পড়েন। তিনি আমাকে জিজ্ঞাসা করতে এসেছিলেন, আমি কি আরও দূরে গিয়ে বসব?

আমি বললাম, "যিনি পাঠাচ্ছেন তিনি কাউকে সেখানেও পাঠাতে পারেন। এটা ভালো যে কেউ না কেউ সবসময় আসে। কেউ সেখানেও আসবে। আপনি যেখানে বসেন সেখানে বসুন। কেউ যদি আপনাকে স্পর্শ করে তবে কী হবে?"

নারীদের অবস্থা এমন যে ঈশ্বরের সাথে দেখা হলেও তারা তাদের শাড়ির আঁচল রক্ষা করে পালিয়ে যাওয়ার চেষ্টা করবে। যাতে তিনিও তাদের স্পর্শ করতে না পারেন। তাদের সম্পূর্ণ শরীর, মহিলাদের সম্পূর্ণ শরীর, গ্রন্থিতে পরিপূর্ণ। শৈশবকাল থেকেই তাদের এমন

প্রশিক্ষণ দেওয়া হয়েছে, এই বিশ্বাস করানো হয়েছে যে তাদের শরীর একটি রোগ। মহিলারা তাদের দেহ বহন করে, তার ভেতরে বাস করে না। তারা এমন একটি খোলস যা তারা সর্বদা রক্ষা করে এবং বহন করে, এবং এর ভেতরে সংরক্ষণের মতো কিছুই নেই। তাই এই ছোট ছোট দাবিগুলি আমাদের অনেক কিছু করতে বাধা দেয়...

এখন, যদি কেউ খুব শিক্ষিত হয়, তাহলে তারা এইরকম অনুভব করে... আজ একজন ভদ্রলোক আমাকে বলছিলেন যে, আবেগপ্রবণ মানুষের সাথে এমন ঘটতে পারে, যারা খুব ভাবুক প্রকৃতির হয়। একজন বুদ্ধিমানের সাথে এটা কিভাবে হতে পারে?

এখন, যদি কেউ কিছু পড়াশোনা করে ফেলে, তাহলে সে বুদ্ধিমান হয়ে ওঠে। যদি তার মা মারা যায়, তাহলে সে কাঁদবে কি কাঁদবে না? সে প্রেমে পড়বে কি পড়বে না? এমন প্রশ্ন আসে, কারণ সে বুদ্ধিমান হয়ে উঠেছে! সে কিছু পড়াশোনা করেছে, সে বিশ্ববিদ্যালয় থেকে একটি সার্টিফিকেট পেয়েছে। তাই এখন, যদি সে প্রেমে পড়ে, তাহলে সে ভাববে চুম্বন করবে কি করবে না, কত জীবাণু স্থানান্তরিত হওয়ার সম্ভবনা আছে! সে একটি বই পড়বে, সে গিয়ে হিসাব করবে যে, আবেগপ্রবণ হবে কি হবে না।

বুদ্ধিও একটি রোগের মতো হয়ে উঠেছে। বুদ্ধি আমাদের জীবনে সুগন্ধে পরিণত হয়নি। বুদ্ধি আমাদের মর্যাদায় পরিণত হয়নি; এটি একটি রোগে পরিণত হয়েছে। কিছু লোক মনে করে যে আমরা বুদ্ধিজীবী, আমরা যুক্তিবাদী, তাই এটি আমাদের সাথে ঘটতে পারে না। যারা একটু আবেগপ্রবণ তাদের সাথে এটি ঘটছে।

- ওশো

জিন খোজা তিন পাইয়া

দ্বিতীয় দশ মিনিটের অনুশীলনে শরীরকে দোল খাওয়া, নাচা বা যা ইচ্ছে তাই করার সম্পূর্ণ স্বাধীনতা দেওয়া হয়। এর ফলাফল ক্যাথার্টিক।

আমরা আমাদের শরীরকে অসংখ্য উপায়ে দমন করার চেষ্টা করি। আমরা আমাদের মনকেও অসংখ্য উপায়ে দমন করার চেষ্টা করি। যে কেউ ধ্যান করতে চায় তাকে প্রথমে এই দমন থেকে নিজেকে মুক্ত করতে হবে। রাগ জন্ম নিচ্ছে, এবং আমরা তা দমন

করেছি। কামবোধ সৃষ্টি হচ্ছে, এবং আমরা তা দমন করেছি। উদ্বেগ জন্মাচ্ছে, এবং আমরা উদ্বেগ দমন করে ঘুমিয়ে পড়েছি। আমরা আমাদের মনে অনেক কিছু লুকিয়ে রেখেছি। যখন আমরা কাঁদতে চাই, আমরা কাঁদি না; যখন আমরা হাসতে চাই, আমরা হাসি না; যখন আমরা চিৎকার করতে চাই, আমরা চিৎকার করি না; যখন আমরা নাচতে চাই, আমরা নাচি না। আমরা সবকিছু দমন করেছি। হাজার হাজার দমন মন এবং দেহ উভয়ের মধ্যেই জমা হয়েছে। এই দমনগুলি বাদ না দিলে মন কখনই পালকের মতো হালকা হতে পারে না।

অতএব, দ্বিতীয় দশ মিনিটে, আমাদের শরীরকে সম্পূর্ণ স্বাধীনতা দিতে হবে এবং সহযোগিতা করতে হবে। যদি শরীর নাচতে চায়, তবে এটিকে সম্পূর্ণভাবে নাচতে দিন; যদি চিৎকার করতে চায়, চিৎকার করুক; যদি কাঁদতে চায়, কাঁদতে দিন। শরীর যা করতে চায়—শুধুমাত্র নিজের শরীরের সাথেই করতে চায়, অন্য শরীরের সাথে নয়—নিজের শরীরের সাথে যা করতে চায়, তার জন্য তাকে পূর্ণ স্বাধীনতা এবং সহযোগিতা দিন।

প্রায় ৬০% মানুষ হঠাৎ করেই নিজেদের ভেতরে অনেক কিছু ঘটতে দেখবে। যেসব বন্ধুরা মনে করে যেন তাদের ভেতরে কিছুই ঘটছে না, তাদের উদ্দেশ্যে আমি বলব যে অন্তত আজ - যাদের ভেতরে স্বয়ংক্রিয়ভাবেই এটি ঘটবে, তাদের উদ্দেশ্যে কোনও প্রশ্ন নয়; বেশিরভাগ মানুষের জন্য এটা স্বয়ংক্রিয়ভাবেই ঘটে থাকে - যারা মনে করে যে এটি তাদের সাথে ঘটছে না, তাদের ক্ষেত্রে একমাত্র কারণ হল তাদের ভেতরের বাধা, তাদের দমন এতটাই শক্তিশালী যে মধ্যম স্তর তাদের ভেতরে পৌঁছাতে বাধা দিচ্ছে। তাই আমি তাদের বলব যে এটি নিয়ে চিন্তা করবেন না। এমনকি যদি এটি তাদের সাথে নাও ঘটছে, তবুও তাদের দশ মিনিটের জন্য যা মনে চায় তাই করা উচিত। যদি তারা নাচতে পারে, তবে তাদের নাচতে থাকা উচিত। কোনও পদ্ধতি, শৃঙ্খলা বা গতির প্রশ্নই আসে না। যদি তারা চিৎকার করতে চায়, তবে তাদের চিৎকার করতে থাকা উচিত। আগামীকালই তারা দেখতে পাবে যে তাদের ভেতরের প্রবাহ ভেঙে গিয়েছে এবং তাদের মধ্যে একটি স্বতঃস্ফূর্ত প্রবাহ শুরু হয়েছে।

এই দশ মিনিটের গভীর ফলাফল রয়েছে। দশ মিনিট নাচ, চিৎকার, দোল খাওয়া, কান্না এবং হাসির পর, আপনি এত হালকা বোধ করবেন যা আপনি আগে কখনও অনুভব করেননি। এই প্রথম পর্যায়ে আপনার শরীরে যে বৈদ্যতিক প্রবাহ জাগ্রত হয় তা আপনাকে সমর্থন করবে। এটি আপনাকে নাচতে, চিৎকার করতে, কাঁদতে এবং হাসতে সহায়তা করবে। আপনাকেও সহযোগিতা করতে হবে এবং আপনার ভিতরে যা আছে তা সম্পূর্ণরূপে প্রবাহিত হতে দিতে হবে। যদি আপনার হাত খুব বেশি কাঁপে, তবে এটিকে আরও সম্পূর্ণরূপে ঝাঁকান যাতে এর ভিতরে থাকা যেকোনও দমন শক্তি মুক্ত হয় এবং শুদ্ধ হয়ে ওঠে। এই পরীক্ষার ফলে চারদিনে এতটা অর্জন করা সম্ভব হবে যা কোনও সাধারণ পরীক্ষা চার বছরে অর্জন করতে পারে না।

দ্বিতীয় পর্যায়ের পর, আপনার শরীর ওজনহীন বোধ করবে, যেন সম্পূর্ণ হালকা হয়ে গিয়েছে, যেন উড়তে সক্ষম। দ্বিগুণ অনুভূতি লাভ করবেন আপনি। প্রথম পর্যায়ের পর, আপনার শরীর শক্তিতে পূর্ণ বোধ করবে। দ্বিতীয় পর্যায়ের পর, শক্তি সম্পূর্ণ অনুভূত হবে, কিন্তু শরীর সম্পূর্ণ ওজনহীন এবং হালকা হয়ে যাবে। দ্বিতীয় পর্যায়ের পর, আপনি স্পষ্টতই অনুভব করতে শুরু করবেন যেন শরীর বলে কিছুই নেই, কেবল শক্তি, কেবল শক্তি, কেবল শক্তি।

যে ব্যক্তি এই দ্বিতীয় পর্যায়টি সম্পন্ন করতে সক্ষম হবে সে একটি বিস্ময় অনুভব করবে: প্রথমবারের মতো, তারা বুঝতে শুরু করবে যে শরীর আলাদা এবং তারা আলাদা। যদি আপনি নিজের শরীরকে সম্পূর্ণরূপে ছেড়ে দেন, তাহলে আপনার পরিচয় ভেঙে যাবে। আজও এটি ঘটতে পারে। একমাত্র প্রশ্ন হল আপনাকে সম্পূর্ণ সহযোগিতা করতে হবে। এটা করা থেকে নিজেকে বিরত রাখবেন না! আমি নাচলে মানুষ কী বলবে তা নিয়ে চিন্তা করবেন না! আমি চিৎকার করলে মানুষ কী বলবে! আপনার ভেতরে যা ঘটছে তা সম্পূর্ণরূপে ঘটতে দিন, অন্য কিছু নিয়ে চিন্তা করবেন না। তাই, দশ মিনিটের মধ্যে, আপনি শরীর এবং আত্মার পৃথক হওয়ার বিষয়ে যা ক্রমাগত শুনছেন এবং পড়ছেন তা আপনার অভিজ্ঞতার অংশ হয়ে যাবে। নৃত্যরত দেহটি আপনি কাছ থেকে স্বতন্ত্রভাবে দেখাতে শুরু করবেন। আপনি দেহের নৃত্যের সাক্ষী হয়ে উঠবেন, আপনি দেহের কান্নার সাক্ষী হয়ে থাকবেন।

আপনি খুব স্পষ্ট দেখতে পাবেন যে অন্য কেউ হাসছে আর আমি দেখছি। এই উপলব্ধি ধ্যানের গভীরতার একটি অপরিহার্য দরজা। এটি ছাড়া কেউ ধ্যানের জগতে প্রবেশ করতে পারে না।

ক্যাথারসিসে দুটি জিনিস আছে। প্রথমত, আমার ভেতরে যা কিছু ভরা থাকে, যা অনেক দিন ধরে চাপা থাকে, তাকে মুক্ত করতে হবে, তাকে শুদ্ধ করতে হবে। এখন, যদি এই পুরনো, চাপা রাগ কারো উপর শুদ্ধ করা হয়, তাহলে ঝামেলা শুরু হবে। যদি আমি আমার ভেতরের কিছু পরিমাণ চাপা রাগ আপনার উপর ঢেলে দিই, তাহলে আপনি নিশ্চয় চুপ করে বসে থাকবেন না। আপনি প্রতিশোধ নেবেন। আপনি আমার মতো একজন মানুষ। আপনিও লাঠি নিয়ে দাঁড়াবেন। তাই, আমি যা-ই ঢেলে দিই, আপনি তার দ্বিগুণ উৎপন্ন করবেন। তারপর আমাকে তা দমন করতে হবে, কারণ শৃঙ্খলটি কোথাও ভেঙে ফেলা খুবই জরুরি। আমি আবার তা দমন করব। তাই, কারো উপর ঢেলে দমন করা কখনোই সম্ভব নয়। আমরা অন্যদের উপর ঢেলে দেই, কিন্তু তা রেচন নয়।

অতএব, ক্যাথারসিস একটি শূন্য, অনির্দেশিত। এর জন্য আমাকে আমার রাগ প্রকাশ করতে হবে, কিন্তু কারো উপর নয়; আমি তা বাতাসে প্রকাশ করে থাকি। আমি তা এমন শূন্যস্থানে প্রকাশ করি যেখানে কোনও প্রতিশোধ প্রতিক্রিয়া কাজ করে না। তাই, যদি কোনও প্রতিশোধ প্রতিক্রিয়া না থাকে, তাহলে আমি নতুন কিছু তৈরি করব না। এবং আরেকটি জিনিস ঘটবে: যদি রাগ বাতাসে প্রকাশ করা হয়, তাহলে এটি সাধারণত আপনার কাছে পাগলামি মনে হবে। এই কারণেই আমি প্রথমে গণ ধ্যানের উপর জোর দিই। একা, আপনাকে একেবারে পাগল মনে হবে। একা, আপনি ভাববেন, আমি কী করছি? এবং মজার বিষয় হল যে যদি দুই শতাধিক মানুষ একই কাজ করে, তাহলে আপনাকে পাগল বলে মনে হবে না, কারণ আপনি অনুভব করবেন যে এটি কেবল আমিই করছি না, বরং এই একশো নিরানব্বই জন লোকও এটি করছে।

এই কারণেই আমি জোর দিয়ে বলছি যে আপনি একা এই ক্যাথারসিস করতে পারবেন না। যদি পারেন তাহলে ভালো। কেউ একা করলে আমার কোনও আপত্তি নেই, কিন্তু তা করা কঠিন। একা,

তারা নিজেরাই ভাববে যে তারা কাকে ঘুষি মারছে, কারণ আমাদের অভ্যাস সবসময় কাউকে ঘুষি মারা। বাতাসে ঘুষি মারলে আমাদের পাগল দেখাবে, আমরা কী ধরণের পাগলামি করছি। আমরা কেবল পাগলদের বাতাসে ঘুষি মারতে দেখেছি। আমরা কেবল পাগলদের বাতাসে চিৎকার করতে দেখেছি। কেউ উপস্থিত নেই, আমরা কেবল পাগলদের কথা বলতে দেখেছি। আমরা সবাই বুদ্ধিমান; যদি কেউ আশেপাশে থাকে, তবেই আমরা কথা বলি। যদি কেউ আশেপাশে থাকে, আমরা ঘুষি মারি, যদি কেউ আশেপাশে থাকে, আমরা ক্ষমা চাই, যদি কেউ আশেপাশে থাকে, আমরা চিৎকার করি, যদি কোনও কারণ থাকে, আমরা কথা বলি, যদি কোনও কারণ থাকে, আমরা হাসি।

অকারণে আমরা কিছুই করি না। যদি আমরা এটা সঠিকভাবে বুঝতে পারি, তাহলে আমরা এমন কাউকে পাগল বলি যে বিনা কারণে এমন কিছু করে। তাই, এখানে বসে থাকা কোনও ব্যক্তি যদি হঠাৎ জোরে হাসতে শুরু করে, তাহলে আমরা তাকে পাগল বলব কারণ আমরা এমন কোনও বিষয়ে কথা বলিনি। এখনও কোনও আলোচনা হয়নি। যদি কোনও আলোচনা হয়, যদি তাকে ঝুলানোর জন্য কোনও খুঁটি থাকে, তাহলে যদি সে হাসে, আমরা বলব ঠিক আছে। অতএব, আমার মতে, ক্যাথারসিস কেবল একটি দলেই শুরু করা যেতে পারে। খুব কম লোকেরই একা ক্যাথারসিস করার সাহস থাকে এবং নির্জনে, এক ধরণের প্রতিরোধ সর্বদা থাকবে। একা, কারণ আপনি এবং আমি ক্রমাগত ভাবব যে আমরা কী করছি, আমরা কী পাগলামি কিছু করছি!

ক্যাথারসিস মানে হল যে, আমরা সবসময় কোনও বস্তুর সাথে, কোনও কারণের জন্য যা করেছি, আমরা এখন কোনও কারণ ছাড়াই, কোনও নির্দেশনা ছাড়াই তা করছি। তাই, এর জন্য একটি বৃহৎ দল থাকলে এটি সহজ হয়ে ওঠে।

দ্বিতীয়ত, যদি আমরা এটি কারণ ছাড়াই করি, তাহলে সবসময় যে রাগ কারণের সাথে প্রবাহিত হত তা একটি আবদ্ধ চ্যানেলের মধ্য দিয়ে প্রবাহিত হত। একটি আবদ্ধ চ্যানেলের সর্বদা একটি দিক থাকে। এখন, এটি কারণহীন; সুতরাং এটি উপচে পড়বে। কারণ তা কোনও নির্দেশ অনুসারে চলছে না, এর কোনও প্রবাহ থাকবে না। কারণ আমি যদি আপনার উপর রাগ করি, কিন্তু আমরা কারও উপর রাগ করতে চাই

না, তবে এটি মাত্রাহীন হবে। ক্যাথারসিস কেবল মাত্রাহীন হতে পারে। যদি এর একটি মাত্রা থাকে, তবে ক্যাথারসিস ঘটতে পারে না। এটি উপচে পড়বে। এটি বন্যার মতো হবে, একটি বন্যার সমান যা তীর ভেঙে দেবে। তীর ভেঙতেই হবে, তবেই আপনি সম্পূর্ণ শূন্য হতে পারবেন, কারণ এত রাগ, এত কামনা, এত কাজ, সারা জীবন ধরে সঞ্চিত। তা অবশ্যই পূরণ করতে হবে।

ভেতরের বিশৃঙ্খলা দূর করুন

প্রথমত: আপনি হাজার হাজার জীবন ধরে বিশৃঙ্খলার মধ্যে বাস করেছেন। এটি নতুন কিছু নয়। এটি একটি পুরানো ঘটনা। দ্বিতীয়ত: ক্যাথারসিসের উপর ভিত্তি করে সক্রিয় ধ্যান কৌশলগুলি আপনার ভিতরের বিশৃঙ্খলাকে নির্গত করতে সাহায্য করে। এই কৌশলগুলির সৌন্দর্য এটাই। চুপচাপ বসে থাকা যদি আপনার পক্ষে অসম্ভব হয়, তবুও আপনি খুব সহজেই সক্রিয় বা বিশৃঙ্খল ধ্যান অনুশীলন করতে পারেন। একবার বিশৃঙ্খলা দূর হয়ে গেলে, আপনার মধ্যে একটি নীরব শান্তি বিরাজ করবে। তারপর আপনি চুপচাপ বসে থাকতে পারবেন। যদি ক্যাথারসিস ধ্যান কৌশলগুলি সঠিকভাবে এবং ধারাবাহিকভাবে করা যায়, তাহলে তারা আপনার ভেতরের বিশৃঙ্খলা গুলি সম্পূর্ণরূপে মহাকাশে বিলীন হয়ে যাবে। আপনাকে আর পাগলামির মধ্য দিয়ে যেতে হবে না। এই কৌশলগুলির সৌন্দর্য এটাই। পাগলামি ইতিমধ্যেই বেরিয়ে আসছে। এটি কৌশলের মধ্যেই অন্তর্নিহিত।

পতঞ্জলির কোনও ক্যাথারসিস পদ্ধতি নেই। পতঞ্জলির পরামর্শ অনুযায়ী চুপচাপ শান্ত হয়ে বসে থাকা যায় না। পতঞ্জলির কোনও ক্যাথারসিস পদ্ধতি নেই। মনে হচ্ছে তার সময়ে এর কোনও প্রয়োজন ছিল না। মানুষ স্বাভাবিকভাবেই খুব নীরব, শান্ত, আদিম ছিল, মন তখনও খুব বেশি সক্রিয় ছিল না, মানুষ ভালো করে ঘুমাতো, পশুর মতো জীবনযাপন করত, তারা খুব বেশি চিন্তাশীল, যুক্তিবাদী, বুদ্ধি নির্ভর ছিল না; তারা হৃদয়ের মধ্যেই কেন্দ্রীভূত থাকত, যেমন অসভ্য মানুষ এখনও আছে, এবং জীবন এমন ছিল যে, অনেক ক্যাথারসিস স্বয়ংক্রিয়ভাবে ঘটে যেত।

উদাহরণস্বরূপ, একজন কাঠুরিয়ার কোনও ক্যাথারসিসের প্রয়োজন নেই কারণ কেবল কাঠ কাটলেই তার সমস্ত খুনী প্রবৃত্তি মুক্তি

পায়। কাঠ কাটা গাছ মারার সমান। একজন পাথর কাটা শ্রমিকের এই ধ্যানের কোনও প্রয়োজন নেই। সে সারাদিন তা করে। কিন্তু আধুনিক ব্যক্তির জন্য, পরিস্থিতি বদলে গিয়েছে। এখন আপনি আরামে জীবন অতিবাহিত করছেন, তাই আপনার জীবনে ক্যাথারসিসের কোনও সম্ভাবনা নেই, কেবল আপনি পাগলের মতো ড্রাইভ করতে পারেন।

গাড়ি দুর্ঘটনা: একটি ক্যাথারসিস প্রক্রিয়া

এই কারণেই পশ্চিমের বিশ্বে প্রতি বছর অন্য যেকোনও কিছুর চেয়ে গাড়ি দুর্ঘটনায় বেশি মানুষ মারা যায়। এটি সবচেয়ে বড় রোগ। ক্যান্সার, যক্ষ্মা, বা অন্য কোনও রোগ গাড়ি চালানোর মতো এত বেশি প্রাণ কেড়ে নেয় না। দ্বিতীয় বিশ্বযুদ্ধে, এক বছরে লক্ষ লক্ষ মানুষ মারা গিয়েছিল। কিন্তু প্রতি বছর বিশ্বজুড়ে পাগল চালকদের কারণে আরও বেশি মানুষ মারা যায়।

আপনি যদি গাড়ি চালান, তাহলে আপনি হয়তো লক্ষ্য করেছেন যে যখন আপনি রেগে যান, তখন আপনা থেকেই আপনার গতি বৃদ্ধি পায়। আপনি ব্রেক সম্পর্কে সম্পূর্ণ ভুলে যান, অ্যাক্সিলেরেটর টিপুন। যখন আপনি ঘৃণায় ভরা থাকেন, বিরক্ত হন, তখন গাড়ি চালানোর মধ্যে দিয়েই তার প্রকাশ ঘটে। অন্যথায়, আপনি এতটাই স্বাচ্ছন্দ্য বোধ করেন যে আপনি যতটা সম্ভব আপনার শরীরকে যেকোনও কাজের জন্য ব্যবহার করতে চান না এবং আপনি আপনার মনে আরও বেশি করে বেঁচে থাকেন।

অতিরিক্ত মস্তিষ্কের ব্যবহার

যারা মস্তিষ্কের গভীর কেন্দ্র সম্পর্কে জানেন তারা বলেন যে, যারা হাত দিয়ে কাজ করেন তাদের উদ্বেগ কম থাকে, চাপ কম থাকে। সেক্ষেত্রে আপনার ঘুম ভালো হয় কারণ আপনার হাত মস্তিষ্কের গভীরতম মনের সাথে, মস্তিষ্কের গভীরতম কেন্দ্রের সাথে সংযুক্ত থাকে। আপনার ডান হাত বাম মস্তিষ্কের সাথে সংযুক্ত থাকে। যখন আপনি আপনার হাত দিয়ে কাজ করেন, তখন মস্তিষ্ক থেকে হাতে শক্তি প্রবাহিত হয় এবং তা মুক্ত হয়। যারা হাত দিয়ে কাজ করেন তাদের ক্যাথারসিসের প্রয়োজন হয় না। কিন্তু যারা মন দিয়ে কাজ করেন তাদের আরও ক্যাথারসিসের প্রয়োজন হয়। কারণ তারা অনেক

বেশি শক্তি সঞ্চয় করে ফেলে, যা বেরিয়ে আসার জন্য তাদের শরীরে কোনও পথ থাকে না, বাইরে বেরোনোর কোনও দরজা থাকে না। মনের ভেতরেই তা চলতে থাকে। মন পাগল হয়ে যায়।

কিন্তু আমাদের সংস্কৃতি এবং সমাজে - অফিসে, কারখানায়, বাজারে - যারা মস্তিষ্ক দিয়ে কাজ করে তাদের "মাথা" বলা হয়: প্রধান কেরানি বা প্রধান সুপারিনটেনডেন্ট; এবং যারা হাত দিয়ে কাজ করে তাদের "হাত" বলা হয়। তা অনেক ক্ষেত্রেই অসম্মানের কারণ হয়ে ওঠে। "হাত" শব্দটিই নিন্দনীয় হয়ে ওঠে।

পতঞ্জলি যখন এই সূত্রগুলির উপর কাজ করছিলেন, তখন পৃথিবী সম্পূর্ণ আলাদা ছিল। তখন মানুষ ছিল "হাত"। বিশেষ করে ক্যাথারসিসের কোনও প্রয়োজন ছিল না। জীবন নিজেই একটি ক্যাথারসিস ছিল। তখন তারা সহজেই চুপচাপ বসে থাকতে পারত, কিন্তু আপনি পারবেন না।

- ওশো

কেনোপনিষদ

দ্রুত শ্বাস-প্রশ্বাস: প্রথম ধাপ

শুদ্ধির দ্বিতীয় পর্যায়

প্রথম পর্যায়, যা সারা জীবন চলবে, তা হল গভীর এবং তীব্রভাবে শ্বাস নেওয়া। গভীরভাবে, গভীরতরভাবে, তীব্রভাবে এবং দ্রুত শ্বাস নিন। যতটা সম্ভব গভীরভাবে শ্বাস নিন এবং যত দ্রুত সম্ভব এই শ্বাস-প্রশ্বাস গ্রহণ ও ত্যাগ করুন। কেন, শ্বাস-প্রশ্বাসের ফলে কী হবে?

শ্বাস-প্রশ্বাস হল মানব জীবনের সবচেয়ে রহস্যময় উপাদান। শ্বাস-প্রশ্বাসের মাধ্যমেই আত্মা এবং দেহের মধ্যে সংযোগ ঘটে, যেন একটি সেতুর বন্ধন তৈরি হয়। অতএব, যতক্ষণ শ্বাস-প্রশ্বাস চলতে থাকে, আমরা বলি, মানুষ বেঁচে আছে। শ্বাস বন্ধ, অর্থাৎ সেই মানুষও চলে গিয়েছে।

শ্বাস-প্রশ্বাস হল আমাদের আত্মা এবং দেহের মধ্যে সংযোগ স্থাপনকারী সেতু। যখন আপনি তীব্র এবং গভীরভাবে শ্বাস নেন, তখন কেবল শরীরই কাঁপে না, বরং আত্মার ভেতরের তন্তুগুলিও কেঁপে ওঠে। এটি অনেকটা অনেকদিন ধরে কিছু ভরে রাখা একটি বোতলের

মতো। কেউ কখনও এটিকে নাড়ায়নি, তাই বোতল এবং এর ভেতরে থাকা জিনিস দুটি সম্পর্কেই বলা খুব কঠিন। এটি অনেকদিন ধরে সেখানে রাখা আছে, তাই মনে হচ্ছে দুটি একই জিনিস। এবার জোরে জোরে বোতলটি ঝাঁকান, তখন বোতলটি কাঁপতে শুরু করবে, এবং তখন বোঝা যাবে বোতল এবং তার ভেতরের জিনিস, এই দুটি এক নয়। তাই, যখন আপনি সম্পূর্ণ গতিতে শ্বাস নেন, তখন একটি ঝড় তৈরি হয়, যা শরীর এবং আত্মার ভেতরের তন্তুগুলিকে কাঁপিয়ে দেয়। এমনকি এই কম্পনের মুহূর্তে বোঝা যায়, উভয়ের মধ্যে কতটা পার্থক্য আছে।

দ্বিতীয় পর্যায়: ক্যাথারসিস

দ্বিতীয় পর্যায়ে, আমরা সমস্ত অবদমিত আবেগ মুক্ত করার চেষ্টা করে থাকি। যদি আপনি সত্যিই গভীরভাবে এবং বিশৃঙ্খলভাবে শ্বাস নেন, তাহলে অবদমিত আবেগ সহজেই বেরিয়ে আসবে। সেই গুলি নিজে থেকেই বেরিয়ে আসবে এবং আপনাকে কিছুই করতে হবে না। প্রথম পর্যায়টি সঠিকভাবে সম্পন্ন হলে দ্বিতীয় পর্যায়টি স্বয়ংক্রিয়ভাবে চলে আসবে। যদি আপনি প্রথমটির প্রতিরোধ না করে থাকেন, তাহলে দ্বিতীয়টি স্বয়ংক্রিয়ভাবে অনুসরণ করবে। দ্বিতীয় পর্যায়ে, আমরা নিজেদের আবেগ মুক্ত করার চেষ্টা করি - সেগুলি প্রকাশ করুন, সেগুলি ছুঁড়ে ফেলুন।

আপনি যখন কারো উপর রেগে যান, তখন আপনি তার উপর আপনার রাগ প্রকাশ করেন, এবং এটি একটি শৃঙ্খল প্রতিক্রিয়া তৈরি করে। তারপর সেও আপনার উপর রাগ করবে। এবং এটি বহুদিন ধরে চলতে থাকতে পারে, এতে করে একটা শত্রুতার সৃষ্টি হয়। আপনি শতাব্দী পর শতাব্দী ধরে এটি চালিয়ে যেতে পারেন। এটি কখনও শেষ হবে না। এর বেশ কোথায়? কেবল একটি সম্ভাবনা আছে: আপনি এটি ধ্যানের মাধ্যমে শেষ করতে পারেন, অন্য কোথাও নয়। কারণ ধ্যানে আপনি অন্য কারও উপর রাগ করেছেন না, আপনি কেবল রাগ করছেন।

মনে রাখবেন, এই পার্থক্য একেবারেই মৌলিক। আপনি অন্য কারো উপর রাগ করেন না। আপনি কেবল রাগ করেন, এবং রাগটি মহাবিশ্বে প্রকাশিত হচ্ছে। আপনি কাউকে ঘৃণা করছেন না। যদি ঘৃণার

অনুভূতি জাগে, আপনি কেবল ঘৃণা করছেন, এবং ঘৃণাটি প্রকাশিত হচ্ছে। ধ্যানে, অনুভূতিগুলি কারও সাথে যুক্ত করা হয় না; তারা বিচ্ছিন্ন। তারা আকাশে প্রবাহিত হয়, এবং আকাশ সবকিছুকে পবিত্র করে তোলে। মনে রাখবেন, এটি সমুদ্রে প্রবাহিত একটি নোংরা নদীর মতো। সমুদ্র এটিকে পবিত্র করে। যখনই আপনার রাগ, আপনার ঘৃণা, আপনার যৌনতা মহাবিশ্বে প্রবাহিত হয়, সমুদ্রে পতিত হয়, তখন এটি তাকে পবিত্র করে। যখন একটি নোংরা নদী অন্য নদীতে প্রবাহিত হয়, তখন এটি তাকেও দূষিত করে। যখন আপনি অন্য কারো উপর রাগ করেন, তখন আপনি আপনার নোংরা তার উপর নিক্ষেপ করছেন। তার ফলে বিপরীত দিকের মানুষটি তার নোংরা আপনার উপর নিক্ষেপ করবে, এবং এর ফলে তা পারস্পরিক নোংরামির একটি প্রক্রিয়া হয়ে ওঠে।

ধ্যানে, আপনি পবিত্র হওয়ার জন্য নিজেকে আকাশে নিক্ষেপ করছেন। আপনার নিক্ষেপ করা সমস্ত শক্তিই পবিত্র হয়ে ওঠে। আকাশ এত বিশাল, এত বিশাল সমুদ্র যে আপনি একে দূষিত করতে পারেন না। ধ্যানের মাধ্যমে, আমরা ব্যক্তিদের সাথে সম্পর্কিত হই। ধ্যানে, আমরা সরাসরি সমগ্রের সাথে সম্পর্ক স্থাপন করি।

দ্বিতীয় পর্যায়ে, আমরা আবেগকে বাইরে নির্গত করি। এটি একটি ক্যাথারসিস, একটি শুদ্ধিকরণ।

– ওশো

কেনোপনিষদ

দ্বিতীয় পর্যায় হল ক্যাথারসিস, অর্থাৎ শুদ্ধিকরণের পর্যায়। যখনই শরীরের শক্তি জাগ্রত হয়, এবং কুণ্ডলিনী কাঁপতে শুরু করে, এবং আপনি শরীরের সমস্ত সচেতনতা হারিয়ে ফেলেন, তখন কেবল জীবনের সচেতনতা অবশিষ্ট থাকে, এবং আপনার পুরো শরীর কেবল বৈদ্যুতিক কম্পনের প্রবাহে পরিণত হয়, তখন আপনার শরীরের মধ্যে অনেক ঘটনা ঘটতে শুরু করে। মূল বিষয় হল এগুলি থামানো নয়, বরং সহযোগিতা করা। দ্বিতীয় পর্যায়ে, আপনাকে শরীর যা চায়, মন যা চায় তার সমর্থন করতে হবে। থামবেন না, সহযোগিতা করুন।

সাধারণত চার ধরণের ঘটনা ঘটে থাকে, অথবা তাদের সংমিশ্রণও ঘটতে পারে। যদি শরীর নাচতে শুরু করে, তাহলে আপনার সমস্ত

শক্তিকে নাচতে দিন।পিছিয়ে থাকবেন না।স্থির থাকবেন না। আপনার সমস্ত শক্তিকে নাচতে দিন। অথবা যদি শরীর চিৎকার করতে শুরু করে, তাহলে আপনার সমস্ত শক্তিকে চিৎকার করতে দিন। অথবা যদি এটি হাসতে শুরু করে, আপনার সমস্ত শক্তিকে হাসতে দিন। অথবা যদি এটি কাঁদতে শুরু করে, আপনার সমস্ত শক্তিকে কাঁদতে দিন। এই চারটি প্রধান জিনিস আমি আপনাকে বলেছি। এই চারটির সংমিশ্রণও ঘটতে পারে, যা-ই হোক না কেন, এটি পুঙ্খানুপুঙ্খভাবে করা উচিত।

প্রায় সত্তর থেকে আশি শতাংশ মানুষ নিজেরাই শুরু করবে। শুধু তারা যেন না থামে। এই সত্তর থেকে আশি শতাংশ মানুষ হলেন যারা তাদের পূর্বজন্মে বা এই জীবনে ধ্যানের জন্য কোনও কাজ করেছেন, অথবা যারা কোনও কাজ করেননি, কিন্তু যাদের আকাঙ্ক্ষা তীব্র, যাদের আকাঙ্ক্ষা গভীর, যাদের আবেগ গভীর, যারা কেবল ধ্যান সম্পর্কে কৌতূহলী নন বরং তারা জীবনের ঝুঁকি নিতেও আগ্রহী, অথবা যাদের দৃঢ় সংকল্প, যাদের ইচ্ছাশক্তি তীব্র। এরা হলেন তারা যারা যেকোনও পথ, যেকোনও ধ্যান পদ্ধতি, যেকোনও প্রার্থনা, উপাসনা বা প্রার্থনার মাধ্যমে নিজেদের মধ্যে একটি আধ্যাত্মিক অবস্থা গড়ে তুলতে শুরু করেছেন। এই সত্তর থেকে আশি শতাংশ মানুষ, তাদের আধ্যাত্মিক অবস্থা নির্বিশেষে, অবিলম্বে দ্বিতীয় পর্যায়ে প্রবেশ করবে।

বেঁচে থাকা বিশ শতাংশের মধ্যে তিন বা চার ধরণের মানুষ থাকবে। প্রথমত, এমন লোক যাদের মধ্যে কোনও সংকল্পের অভাব দেখা যাবে। কিন্তু সংকল্প জাগ্রত করা যেতে পারে। এরা হল তারা, যারা অন্যদের খুব ভয় পায়, যারা জনমতকে ভয় পায়, যারা অত্যন্ত ভীতু, যারা অন্যরা কী বলবে তা নিয়ে চিন্তিত। কিন্তু এই ভয় কাটিয়ে ওঠা যেতে পারে। অথবা তারা হবে যারা সর্বদা দমনমূলক নীতিতে বিশ্বাসী, যারা কখনও প্রকাশ্যে হেসেনি, প্রকাশ্যে কেঁদেনি, নাচেনি বা চিৎকার করেনি। যারা তাদের জীবনে কখনও কোনও কিছুতে পুরোপুরি জড়িত হয়নি, সংযতভাবে জীবনযাপন করেনি। কিন্তু এই বাধা কাটিয়ে ওঠা যেতে পারে। অথবা তারা হবে যারা, যেকোনও ঘটনা তাদের মধ্যে উন্মোচিত হলেও, সহযোগিতা করার সাহস দেখাতে অক্ষম। কিন্তু এই সাহস সংগ্রহ করা যেতে পারে।

এই ত্রিশ শতাংশের মধ্যে, যদি তারা আমার উল্লেখিত চারটি বিষয় মেনে চলে, তাহলে প্রায় বিশ শতাংশ দ্বিতীয় পর্যায়ে প্রবেশ করবে। পাঁচ বা দশ শতাংশ এখনও রয়ে যাবে, যাদের জীবনের জট জটিলতায় ভরা। এ জন্য, আমি পরামর্শ দিচ্ছি যে যদি আপনার মনে হয় যে আপনি সেই দশ শতাংশের মধ্যে আছেন যাদের জন্য কিছুই ঘটছে না, তাহলে এই চারটি কাজের মধ্যে যেকোনও একটি নিজে থেকেই শুরু করুন। আজই শুরু করুন, আগামীকাল এটি স্বয়ংক্রিয়ভাবে শুরু হবে। একবার স্রোত ভেঙে গেলে, জলপ্রপাত ফেটে গেলে, এটি প্রবাহিত হতে শুরু করবে। কিন্তু আমি চাই যে কেউ যেন দ্বিতীয় পর্যায়ে আটকে না থাকে।

তৃতীয় পর্যায়, যখন দ্বিতীয় পর্যায়ে কান্না, চিৎকার, নাচ, হাসি তীব্র হয়ে ওঠে তখন আপনি একেবারে হালকা হয়ে যাবেন। এর তিনটি ফলাফল হবে, আপনি ওজনহীন হয়ে যাবেন, যেন আপনার ওজন কমে গিয়েছে, যেন আপনার ভেতরে মাধ্যাকর্ষণ শক্তি কমে গিয়েছে, যেন পৃথিবী আর আপনাকে আকর্ষণ করছে না। যেন মন থেকে পাথর নেমে গিয়েছে, বোঝা আলাদা হয়ে গিয়েছে।

দ্বিতীয় ফলাফল হল যে আপনি স্পষ্ট দেখতে পাবেন যে শরীর এবং আপনি সম্পূর্ণ আলাদা। দুজনের মধ্যে পরিচয় ভেঙে গিয়েছে বলে মনে হবে। শরীর নাচছে বলে মনে হবে, আপনি তা দেখছেন বলে মনে হবে, শরীর কাঁদছে বলে মনে হবে, আপনি তার সাক্ষী হয়ে যাবেন। আপনি আলাদা হয়ে সাক্ষী থাকবেন। যদি দ্বিতীয় পর্যায়টি সম্পন্ন হয় তবে আপনি সাক্ষী হয়ে থাকবেন।

আমি আপনাকে বলছি, সচেতনভাবে পাগল হোন। আপনার মনে যে আবেগই আসুক না কেন, তাকে ছেড়ে দিন। একে আটকে রেখবেন না, এর সাথে সহযোগিতা করুন। যদি আপনি চিৎকার করতে চান, চিৎকার করুন। আপনার সমগ্র অন্তর সত্তাকে জড়িয়ে থাকা একটি গভীর, সামগ্রিক চিৎকার নিজেই একটি চমৎকার থেরাপি। এই চিৎকারে অনেক কিছু, অনেক রোগ মুক্তি পাবে। কান্না, চিৎকার, নাচ, লাফানোর মাধ্যমে নিজেকে প্রকাশ করতে দিন। দ্বিতীয় পর্যায়টিও দশ মিনিট স্থায়ী হয় এবং কয়েক দিনের মধ্যে আপনি এর উপর নির্ভর করতে শুরু করবেন।

প্রথমে, আপনি এটা জোর করে করবেন। একটা প্রচেষ্টা, একটা কাজ শুরু হবে। আমরা এতটাই মিথ্যা হয়ে গিয়েছি যে আমরা সত্যিকারের বা খাঁটি কিছু করতে পারি না। আমরা কখনই আমাদের সমস্ত হৃদয় দিয়ে হাসি, কাঁদি বা চিৎকার করি না। আমরা যা কিছু করি তা কেবল একটি ভান, একটা মুখোশ। তাই যখন আপনি এটা করতে শুরু করবেন, তখন প্রথমে আপনাকে জোর করে করতে হবে। আপনাকে চেষ্টা করতে হবে। আপনি যা কিছু করবেন তা একটা কাজ বলে মনে হবে, কিন্তু এটা নিয়ে চিন্তা করবেন না, শুধু এটা করতে থাকুন। শীঘ্রই আপনি সেই উৎসগুলিতে পৌঁছে যাবেন যেখানে অনেক অবদমিত জিনিস লুকিয়ে আছে। আপনি সেই উৎসগুলিকে স্পর্শ করবেন, এবং সেই স্তর ভেঙে যাওয়ার সাথে সাথে আপনি স্বস্তি বোধ করবেন। আপনার ভেতরে নতুন জীবন আসবে, আপনি পুনর্জন্ম লাভ করবেন।

এই বোঝামুক্তি হল মৌলিক উদ্দেশ্য, এবং এটি ছাড়া, কোনও ধ্যানই একজন মানুষের জন্য কার্যকর হতে পারে না। দ্বিতীয় পর্যায়ে, যখন ভেতরের আবর্জনা ফেলে দেওয়া হয়, তখন আপনি শূন্য হয়ে যান। শূন্যতার অর্থ এটাই: সমস্ত দমন-পীড়ন থেকে মুক্ত হওয়া। তারপর, এই শূন্যতার মধ্যে কিছু করা যেতে পারে।

সুতরাং, অন্যদের কথা চিন্তা না করে ক্যাথারসিস শুরু করুন। তবেই আপনার মধ্যে সুন্দর কিছু ফুটে উঠতে পারে। এর গুণমান ভিন্ন হবে, এর সৌন্দর্য ভিন্ন হবে। এটি বাস্তব সম্মত হয়ে উঠবে।

যখন আপনার কাছে শান্তি আসে, আপনার উপর নেমে আসে, তখন এটি মিথ্যা নয়। আপনি এর জন্য কোনও চেষ্টা করেন না; এটি নিজে থেকেই ঘটে। ঠিক যেমন একটি শিশু তার মাতৃগর্ভে বিকশিত হয়, এটি আপনার ভিতরে বিকশিত হচ্ছে, তা অনুভব করতে পারেন। আপনি গভীর শান্তিতে পরিপূর্ণ হন। তবেই রূপান্তর একটি বাস্তবতা লাভ করে; অন্যথায়, সবকিছুই একটি প্রতারণা, এবং একজন ব্যক্তি জীবনকাল ধরে নিজেকে প্রতারিত করতে পারে, অন্তহীনভাবে তা চলতে থাকে।

- ওশো

মেডিটেশন: দ্যা আর্ট অফ এক্সটেসি

তৃতীয় ধাপ

দশ মিনিট পর, সঙ্গীতের সুর বদলে যাবে। তৃতীয় ধাপে দশ মিনিট ধরে, উভয় হাত তুলে লাফিয়ে নাভি কেন্দ্রে "হু" মন্ত্র জপ করুন, যাতে সেখানে সুপ্ত শক্তি জাগ্রত হয়। প্রতিবার যখন আপনি নীচে আসবেন, তখন আপনার পায়ের তলা এবং গোড়ালি আলতো করে মাটিতে স্পর্শ করতে দিন। যেমনটি আমরা প্রথম ধাপে ব্যাখ্যা করেছি, দুটি শ্বাসের মধ্যে কোনও ফাঁক থাকা উচিত নয়, তেমনি দুটি হু মন্ত্রের মধ্যেও কোনও ফাঁক থাকা উচিত নয়। আপনি যত জোরে এবং গভীরভাবে নাভি কেন্দ্রে হু জপ করবেন, তত বেশি সুপ্ত শক্তি জাগ্রত হবে। নাভি কেন্দ্র সক্রিয় হয়ে উঠবে, এবং মূলাধার (যৌন কেন্দ্র) এ সুপ্ত কুণ্ডলিনী জাগ্রত হবে এবং শক্তি নাভি কেন্দ্রে প্রবাহিত হবে। কুণ্ডলিনীকে জাগ্রত করার সবচেয়ে সহজ এবং সরল উপায় হল নাভি কেন্দ্রে জোরে এবং গভীরভাবে হু জপ করা।

ওশোর শিক্ষা

এক বন্ধু একটি প্রশ্ন জিজ্ঞাসা করেছেন:

আমরা সক্রিয় ধ্যানে "হু" মহামন্ত্র ব্যবহার করি। ইসলামের অনুসারীরা বিশ্বাস করেন যে এই মন্ত্র ব্যবহার করলে সবকিছু ধ্বংস হয়ে যায়। তাই, তারা শহরে "হু" মন্ত্র উচ্চারণের পক্ষে নন। দয়া করে এ সম্পর্কে কিছু বলুন।

এটা সত্য যে এই মন্ত্রটি ধ্বংসের জন্য, শেষের জন্য, বিলীন হওয়ার জন্য। তবে, এই বিলীন হওয়া "বৃহত্তর" হওয়ার একটি উপায় মাত্র।

সুফিরা এই মন্ত্রটি ব্যবহার করেছেন। এটি আল্লাহর শেষ অংশ। সুফি সাধকরা "আল্লাহ, আল্লাহ, আল্লাহ" ধ্বনি দিয়ে শুরু করেন - "আল্লাহ, আল্লাহ, আল্লাহ"-র অনুরণন সৃষ্টি হয়। এই অনুরণন যত শক্তিশালী হয়, আল্লাহর রূপ "আল্লাহু, আল্লাহু" হয়ে যায় - এটি

স্বয়ংক্রিয়ভাবে ঘটে। যদি আপনি "আল্লাহ, আল্লাহ, আল্লাহ" উচ্চস্বরে এবং দ্রুত নিজের মধ্যে জপ করেন তাহলে তা "আল্লাহু, আল্লাহু, আল্লাহু" হয়ে উঠবে, আপনি ধীরে ধীরে "আল্লাহু, আল্লাহু, আল্লাহু" বলতে থাকবেন। এই সব স্বয়ংক্রিয়ভাবে ঘটে; এটি করার কোনও প্রয়োজন নেই। যখন এই অনুরণন আরও তীব্র হয়, এবং যখন দুটি "আল্লাহু" -র মধ্যে কোনও স্থান অবশিষ্ট থাকে না, তখন একটি "আল্লাহু" এর মধ্যে কোনও স্থান অবশিষ্ট থাকে না, এমনকি একটি "আল্লাহু" অন্য একটি "আল্লাহু" কে ঢেকে ফেলতে শুরু করে। তারপর, "আল্লাহু আল্লাহু" এর পরিবর্তে "লাহু, লাহু, লাহু" অবশিষ্ট থাকে। এবং যখন আমরা এটিকে তীব্র এবং ঘনীভূত করি, তখন এমনকি "লা"ও বাদ পড়ে যায়, কেবল "হু" অবশিষ্ট থাকে। অবশেষে, "হু" এর জায়গায় কেবল একটি গর্জন অবশিষ্ট থাকে।

এই "হু" মন্ত্রটি অবশ্যই ধ্বংসের জন্য। সাধক এই মন্ত্রটি ব্যবহার করে নিজেকে ধ্বংস করার জন্য, নিজেকে শেষ করার জন্য। এটি তার নিজের মৃত্যুর আমন্ত্রণ - এটি শরীরের সাধারণ মৃত্যু নয় - এটি অহংকার এবং মনের মহামৃত্যুর আমন্ত্রণ, যা আমাদের সম্পূর্ণরূপে ধ্বংস করবে।

আমরা যাকে মৃত্যু বলি তা আমাদের অহংকার বা আমাদের মনকে একেবারেই ধ্বংস হতে দেয় না। সত্য হল এটি তাদের একেবারেই ধ্বংস করে না, এবং এটিও সত্য যে এটি আমাদের ধ্বংস থেকে রক্ষা করে। এই দেহ সম্পূর্ণরূপে বিচ্ছিন্ন হয়ে যায়; যদি আমরা এতে থাকি, তবে আমরা ধ্বংস হয়ে যাব। তাই, মৃত্যু আমাদের একটি নতুন দেহ দেয়। ঠিক যেমন কেউ, আপনার পুরানো ঘর ভেঙে পড়তে দেখে বলে, "এতো ধ্বংস হয়ে গেল," সে আপনাকে আমন্ত্রণ জানায় এবং বলে, "আমার নতুন ঘরে এসো।" ঠিক তেমনি মৃত্যু আপনাকে ধ্বংস করে না; এটি কেবল আপনার ধ্বংসপ্রাপ্ত দেহকে সরিয়ে দেয় এবং আপনাকে একটি নতুন, স্বাস্থ্যকর, সতেজ দেহ প্রদান করে।

"ফানা" একটি সুফি শব্দ। এর অর্থ হল: প্রকৃত মৃত্যু—প্রকৃত মৃত্যু যা আপনাকে সত্যিই ধ্বংস করে। এটি "আমি" এর ভেতরের অনুভূতিকে ভেঙে দেয়। "হু" এর ধ্বনি সেই গোপন রহস্য ধারণ করে যা আপনার "আমি" এর অনুভূতিকে ভেঙে দেয়।

অনেকেই ভাবছেন কিভাবে একটি শব্দ "আমি" কে ভেঙে ফেলতে পারে! আপনি জানেন না "আমি" কী। "আমি"ও একটি শব্দ। এর বিপরীত কিছু শব্দও আছে, যেগুলি ব্যবহার করলে তা দ্রবীভূত হবে, ভেঙে যাবে এবং ধ্বংস করবে। হাজার হাজার বছর ধরে ধ্যানের পর, এমন শব্দ আবিষ্কৃত হয়েছে যেগুলি "আমি" এর প্রতিষেধক। "আমি" একটি শব্দ, "হু"ও একটি শব্দ। "হু" এর ধ্বনি হল প্রতিষেধক, বিপরীত ঔষধ। আর তাই, "আমি" ধ্বংস হয়ে যাবে এই ভয় জাগে, এবং উদ্বেগও।

শহরে "হু" ব্যবহার করতে ভয় পাওয়ার কোনও কারণ নেই। ভয় জাগে, কিন্তু তার কোনও প্রয়োজন নেই, কারণ শহরের সবকিছু ধ্বংস না হলে সত্যিকারের জীবন খুঁজে পাওয়া যাবে না। কিন্তু এই ভয়টাও ন্যায্য, কারণ একজন ব্যক্তি নিজেকে রক্ষা করতে চায়, ভাবে যে তাদের ধ্বংস করার কোনও উপায় আছে কিনা।

আপনি হয়তো বুঝতে পারবেন না... যদি আপনি মাঝখানে একজনকে বসান এবং বারোজন লোক, তাদের হাত বেঁধে, একটি বৃত্তে জোরে "হু" বলতে শুরু করে, তাহলে সেই ব্যক্তি কাঁপতে এবং আতঙ্কিত হতে শুরু করবে, এমনকি যদি সে তা নাও করে। "হু" ভেতরে একটা ভয় তৈরি করে।

"হু" অস্বস্তির কারণ হতে পারে। কিন্তু যারা এই ধরনের অস্বস্তি অনুভব করে তাদের মনে রাখা উচিত যে ঈশ্বরের পথে ধ্বংস ছাড়া আর কোনও পথ নেই। যা আবার ধ্বংস করা যাবে না তা অর্জন করতে চাইলে আপনাকে নিজেকে ধ্বংস করতে হবে।

মৃত্যু নিজেই অমরত্বের দরজা। যে ব্যক্তি সহজভাবে গ্রহণযোগ্যতার সাথে মৃত্যু অনুভব করে, তার জন্য মৃত্যু শেষ হয়ে যায়।যে নিজেকে রক্ষা করে সে নিজেকে হারায়, এবং যে নিজেকে হারায় সে চিরকাল থাকে।

তৃতীয় ধাপে, আমি "হু" ধ্বনি ব্যবহার করছি। অতীতে অনেক ধ্বনি ব্যবহার করা হয়েছে। প্রতিটি ধ্বনির একটি নির্দিষ্ট প্রভাব রয়েছে। উদাহরণস্বরূপ, হিন্দুরা ওম ধ্বনি ব্যবহার করেছেন। এটি আপনার কাছে খুব পরিচিত হতে পারে, কিন্তু আমি ওমের পক্ষে নই। এটি

হৃদয়ের গভীরে প্রবেশ করে না। এটি হৃদয় স্পর্শ করে ফিরে আসে, এবং তা আরও গভীরে যেতে পারে না।

সুফিরা "হু" ব্যবহার করতেন। যখন আপনি জোরে "হু" বলেন, তখন এটি যৌন কেন্দ্রের গভীরে নেমে আসে। তাই, এই ধ্বনিটি কেবল ভেতরে আঘাত করার জন্য ব্যবহৃত হয়। শুধুমাত্র যখন আপনি খালি এবং শূন্য থাকেন তখনই এই ধ্বনি আপনার ভেতরে চলাচল করতে পারে। যদি আপনার অন্তর আত্মা আবর্জনার নিচে চাপা পড়ে যায়, তবে কিছুই ঘটবে না। এবং কখনও কখনও, অভ্যন্তরীণ শুদ্ধির জন্য কোনও মন্ত্র ছাড়াই মন্ত্র ব্যবহার করা বিপজ্জনক হতে পারে। কারণ দমনের প্রতিটি স্তর ভিতরের শব্দকে পরিবর্তন করবে এবং শেষ ফলাফল এমন কিছু হবে যা আপনি কখনও কল্পনাও করেননি বা চাননি - সম্পূর্ণ অপ্রত্যাশিত। দমনের প্রতিটি স্তর শব্দের পথ পরিবর্তন করবে। যখন সবকিছু খালি থাকে তখনই একটি মন্ত্র ব্যবহার করা যেতে পারে।

প্রথম দুটি স্তর অতিক্রম না করে আপনার কখনই "হু" জপ করা উচিত নয়। আপনি যদি স্নায়ুর সমস্যায় ভোগেন এবং আপনার স্নায়ুর রোগ যদি দূর না করেন, তাহলে "হু" জপ আপনাকে আরও স্নায়ুর সমস্যায় জর্জরিত করবে। তাই, তৃতীয় পর্যায়ে, দশ মিনিট ধরে, আপনার সমস্ত শক্তি দিয়ে, যতটা সম্ভব জোরে "হু" জপ করুন। এটি একটি অবিচ্ছিন্ন প্রভাব। যখন আপনি শূন্য হয়ে যান, তখন 'হু' যৌন কেন্দ্রের গভীরে নেমে আসে।

যৌন কেন্দ্র দুটি উপায়ে প্রভাবিত হতে পারে। প্রথমত, স্বাভাবিকভাবেই। যখনই আপনি বিপরীত লিঙ্গের কারো প্রতি আকৃষ্ট হন, তখন যৌন কেন্দ্রটি বাইরে থেকে আঘাতপ্রাপ্ত হয়। সেই প্রভাবটিও একটি সূক্ষ্ম তরঙ্গ। নারীরা পুরুষদের প্রতি, অথবা পুরুষরা মহিলাদের প্রতি কেন আকৃষ্ট হয়? একজন পুরুষ বা মহিলার মধ্যে কী আছে? সেই প্রভাবটি ইতিবাচক বা নেতিবাচক বিদ্যুতের—একটি সূক্ষ্ম তরঙ্গের। আসলে, এটি শব্দ। আপনি নিশ্চয়ই লক্ষ্য করেছেন যে পাখিরা যৌন আবেদনের জন্য শব্দ ব্যবহার করে। তাদের সমস্ত গান ইন্দ্রিয়গ্রাহ্য। তারা ক্রমাগত একে অপরকে নির্দিষ্ট শব্দ দিয়ে আঘাত করে। এই শব্দগুলি বিপরীত লিঙ্গের পাখির যৌন কেন্দ্রকে আঘাত করে।

সূক্ষ্ম বৈদ্যুতিক তরঙ্গ বাইরে থেকে আপনাকে আঘাত করতে থাকে। যখন আপনার যৌন কেন্দ্রটি বাইরে থেকে আঘাত করা হয়, তখন আপনার শক্তি বাইরের দিকে প্রবাহিত হতে শুরু করে। এর ফলে প্রজনন হয়। আপনার থেকে আরেকটি প্রাণীর জন্ম হয়।

এই শক্তি কেন্দ্রটিই "হু" দ্বারা ভেতর থেকে আঘাতপ্রাপ্ত হচ্ছে। আর যখন যৌন কেন্দ্রটি ভেতর থেকে আঘাতপ্রাপ্ত হচ্ছে, তখন ভেতরে শক্তি প্রবাহিত হতে শুরু করছে। এই অভ্যন্তরীণ শক্তির প্রবাহ আপনাকে সম্পূর্ণরূপে রূপান্তরিত করে। আপনি রূপান্তরিত হচ্ছেন, নিজেকে জন্ম দিচ্ছেন।

আপনার রূপান্তর তখনই ঘটে যখন শক্তি ঠিক বিপরীত দিকে প্রবাহিত হতে শুরু করে। এই মুহূর্তে এটি বাইরের দিকে প্রবাহিত হচ্ছে, কিন্তু তারপর এটি ভিতরের দিকে প্রবাহিত হতে শুরু করে। শক্তির এই ঊর্ধ্বমুখী প্রবাহকে কুণ্ডলিনী বলা হয়। আপনি আক্ষরিক অর্থেই এটি আপনার মেরুদণ্ডের মধ্য দিয়ে প্রবাহিত হতে অনুভব করবেন। এটি যত উপরে যাবে, আপনি তত উপরে উঠবেন। যখন এই শক্তি আপনার মাথার চূড়ান্ত কেন্দ্র, 'সহস্রার'-তে পৌঁছাবে, তখন আপনি সর্বোচ্চ সত্তা হয়ে উঠবেন, যাকে গুরুজিফ "ম্যান নম্বর সেভেন" বলেছেন।

যখন আপনার শক্তি যৌন কেন্দ্রে থাকে, তখন আপনি একজন প্রথম শ্রেণীর মানুষ। যখন সামান্য শক্তি আপনার হৃদয় কেন্দ্রে প্রবেশ করে, তখন আপনি একজন দ্বিতীয় শ্রেণীর মানুষ হয়ে যান—একজন আবেগপ্রবণ ব্যক্তি। যখন কিছু শক্তি বুদ্ধিতে প্রবেশ করে, তখন আপনি একজন তৃতীয় শ্রেণীর মানুষ হয়ে ওঠেন—একজন বুদ্ধিমান ব্যক্তি। এরা সবাই সাধারণ মানুষ, কোনও না কোনওভাবে পাগল—কেউ শারীরিকভাবে পাগল, কেউ আবেগগত দিক দিয়ে পাগল, কেউ বুদ্ধিগত দিক দিয়ে পাগল। এই তিন ধরনের মানুষই কিন্তু সাধারণ মানুষ।

চতুর্থ মানুষ হল সেই ব্যক্তি যে তার শক্তিকে ভেতরে নিয়ে যেতে চায়। একজন যে ধ্যান করছে, একজন যে তার উন্মাদনা, তার বিভাজন এবং স্কিজোফ্রেনিয়া মুছে ফেলার চেষ্টা করছে। এবং এই শক্তি যত ভেতরে এবং উপরে উঠবে, ততই আপনার মধ্যে একজন উন্নত মানুষ

তৈরি হবে। এই উন্নত মানুষটি কম পাগল, কম খণ্ডিত এবং আরও সুস্থ হবে।

তারপর এমন একটা মুহূর্ত আসে যখন সেই শক্তি আপনার পরম কেন্দ্র থেকে মহাবিশ্বে বিলীন হয়ে যায়। আপনি অতিমানব হয়ে যান, অথবা আর সাধারণ মানুষ থাকতে পারেন না। যখন আপনি মানবতাকে অতিক্রম করেন, তখন আপনি উন্মাদনাকেও অতিক্রম করেন।

একজন মানুষের জন্য কোনও না কোনও অর্থে পাগল হয়ে যাওয়া অনিবার্য কারণ সে কোনও সত্তা নয়, বরং একটি মুখোশ। সে মানুষ। মানবতা এখানেই শেষ নয়, এটি একটি প্রক্রিয়া। সে কোনও প্রাণী নয়, কিন্তু সে যা হওয়ার কথা তাও নয়। সে একটি পর্যায়। এটিই স্নায়ুতন্ত্রের জন্ম দেয়।

আপনি এখনও পশু নন। আপনার ভেতরে সম্পূর্ণ পাশবিক প্রবণতা বিদ্যমান, কিন্তু আপনি পশু নন। সেই প্রাণী আপনাকে টেনে নামাতে থাকে। এতে কোনও ভুল নেই। প্রাণীটি আর কিছু করতে পারে না। এটি আপনাকে যৌন কেন্দ্রের দিকে টেনে নিয়ে যায়। কিন্তু এটি আপনার প্রথম কেন্দ্র, আপনার চূড়ান্ত সম্ভাবনা নয়। আপনার চূড়ান্ত সম্ভাবনা হল অতিমানব; যা আপনাকে উপরের দিকে টেনে নিয়ে যেতে থাকে।

বিপরীত দিকের এই টান স্কিজোফ্রেনিয়া তৈরি করে। তাই, এক মুহুর্তে আপনি একটি উচ্চতর মাত্রায় পৌঁছে যান, যেন আপনি একজন সাধু হয়ে গিয়েছেন, এবং পরের মুহুর্তে আপনি একটি পশুর মতো আচরণ শুরু করেন। এখন মন বিভ্রান্ত হয়ে যায়। আপনি সম্পূর্ণরূপে পশুও হতে পারবেন না বা সম্পূর্ণরূপে সাধুও হতে পারবেন না। তাই আপনি যা করেন তা হল নিজেকে দুটি ভাগে বিভক্ত করা। আপনি আপনার পাশবিক অংশকে অবচেতনে ঠেলে দেন এবং সচেতনভাবে সেই শ্রেষ্ঠত্বের সাথে পরিচয় করিয়ে দেন যা আপনি নন। শ্রেষ্ঠত্বের এই সম্ভাবনাই আদর্শ, গন্তব্য।

তাই যতক্ষণ না আপনি মানুষের উর্দ্ধে উঠতে পারছেন, ততক্ষণ আপনি উন্মাদনাকে ছেড়ে দিতে পারবেন না। মানুষ নিজেই উন্মাদনা।

তৃতীয় পর্যায়ে, আমি আপনার শক্তি বৃদ্ধির উপায় হিসাবে 'হু'-এর ব্যবহার করি। এই প্রথম তিনটি পর্যায় হল ক্যাথারসিস; এগুলি আসলে ধ্যান নয়, এগুলি ধ্যানের প্রস্তুতি। এগুলি লাফ দেওয়ার প্রস্তুতি, লাফ নয়।

''হু''-এর রসায়ন

তৃতীয় পর্যায়ে, আমরা একটি মন্ত্র ব্যবহার করছি—হু। এটি হিন্দু ধ্বনির মতো একটি সুফি ধ্বনি, কিন্তু বর্তমান মানুষের জন্য এটি ওমের চেয়ে বেশি কার্যকর। কারণ ওম একটি অত্যন্ত সূক্ষ্ম ধ্বনি। যখন আপনি ওম বলেন, এটি কখনও হৃদয়ের গভীরে পৌঁছায় না। এটি আক্রমণাত্মক নয়, এটি একেবারেই অহিংস। সবচেয়ে অহিংস ধ্বনিগুলির মধ্যে একটি হল ওম।

এই ধ্বনিটি আপনার চেয়ে ভিন্ন ধরণের মানুষের জন্য উদ্ভাবিত হয়েছিল। এটি ছিল তাদের জন্য যারা খুব প্রেমময় এবং অহিংস, যারা স্বাভাবিকভাবেই সহজ এবং সরল ছিল, যারা প্রকৃতির মাঝে গ্রামে বাস করত, যারা ছিল অশিক্ষিত, পড়াশোনা জানত না এবং অসংস্কৃত। তারা ছিল পশুর মতো—শুদ্ধ, সরল, নির্দোষ। ওমের ধ্বনি তাদের জন্য উদ্ভাবিত হয়েছিল। এটি তাদের রূপান্তরিত করার জন্য যথেষ্ট ছিল। এটি খুব সূক্ষ্ম আঘাত—ওম। এটি হৃদয়ে খুবই মৃদুভাবে আঘাত করে। সেই লোকদের জন্য এটি যথেষ্ট ছিল কারণ তাদের হৃদয় ছিল। এটি আপনার জন্য কাজ করবে না। আপনার তীব্র ও হিংস্র আঘাতের প্রয়োজন।

সুফিরা এই দ্বিতীয় ধ্বনিটি আবিষ্কার করেছেন - হু। এটি আল্লাহ ''হু''-এর অংশ। সুফিরা আল্লাহ, আল্লাহ জপ করেন এবং যখন আপনি এটি বারবার পুনরাবৃত্তি করেন, তখন এটি আল্লাহ হু, আল্লাহ হু হয়ে যায়। তারপর শুরুর অংশটি বাদ পরে যায়, আল্লাহ বাদ দেওয়া হয়, কেবল হু রাখা হয়। এর পরে, কেবল "হু, হু, হু" অবশিষ্ট থাকে। যখন আপনি "হু" বলেন, তখন এটি সরাসরি আপনার যৌন কেন্দ্রে প্রবেশ করে। এটি সরাসরি যৌন কেন্দ্রে পৌঁছে যায়। এটি সরাসরি যৌন কেন্দ্রে প্রবেশ করে, এটি যৌন কেন্দ্রকে আঘাত করে।

আজকের যুগ এতটাই যৌন-কেন্দ্রিক হয়ে উঠেছে যে আপনাকে যৌন শক্তিতে আঘাত করতে হবে। হৃদয় আর নেই। যদি আপনি ওম দিয়ে চেষ্টা করেন, তাহলে আপনি এমন একটি দরজায় ধাক্কা দেবেন যা খালি। সেখানে আর কেউ থাকে না। মাধ্যাকর্ষণ কেন্দ্র সেখান থেকে যৌন কেন্দ্রে স্থানান্তরিত হয়েছে। আপনার কেন্দ্র আর হৃদয় এক নয়। আপনি যদি প্রেমে কেন্দ্রীভূত হন তবে হৃদয় কেন্দ্র হতে পারে, কিন্তু এখন আপনি যৌনতায় কেন্দ্রীভূত, প্রেমে নয়।

"হু" শব্দটি আজকের যুগের জন্য প্রযোজ্য। এটি সরাসরি আপনার যৌন কেন্দ্রে আঘাত করে। যদি আপনি সত্যিই জোরে "হু, হু, হু" করেন, তাহলে আপনি ভেতরে একটি সূক্ষ্ম প্রভাব অনুভব করবেন এবং যৌন শক্তি দুটি উপায়ে চলাচল করতে পারে। এটি বাইরের দিকে সরে যেতে পারে, এটি ভিতরের দিকে সরে যেতে পারে।

যখন আপনি কোনও পুরুষ বা মহিলার প্রতি আকৃষ্ট হন, তখন শক্তি বাইরের দিকে সরতে শুরু করে। বাস্তবে, একজন মহিলা বা পুরুষ আপনাকে বাইরে থেকে আঘাত করছে। এটি আক্ষরিক অর্থেও সত্য। যখন আপনি অনুভব করেন যে কোনও মহিলা আপনাকে আকর্ষণ করছে, আপনি যদি মনোযোগ সহকারে পর্যবেক্ষণ করেন, আপনি দেখতে পাবেন যে তা আপনার যৌন কেন্দ্রটিকে সূক্ষ্মভাবে আঘাত করছে। মহিলার শক্তি, অথবা পুরুষের শক্তি, সেই কেন্দ্রে আঘাত করছে। আপনি কেবল তখনই একই প্রভাব অনুভব করবেন যখন আপনি "হু" শব্দটি করবেন। কিন্তু এই প্রভাবটি ভেতর থেকে আসবে, এবং যদি আপনি ভেতর থেকে যৌন কেন্দ্রে আঘাত করতে থাকেন, তাহলে একটি দরজা খুলে যাবে এবং শক্তি ভেতরের দিকে প্রবাহিত হতে শুরু করবে, উপরের দিকে উঠতে থাকবে।

একবার আপনি এই শক্তিকে ঊর্ধ্বমুখী এবং অভ্যন্তরীণভাবে স্থানান্তরিত করতে শিখলে, আপনি প্রচণ্ড উত্তেজনার সর্বোচ্চ শিখর অনুভব করবেন, যা আপনি কোনও পুরুষ বা মহিলার সাথে অনুভব করতে পারবেন না। একটি অভ্যন্তরীণ মিলন শুরু হবে।

– ওশো

কেনোপনিষদ

কিছু মহান শব্দ আছে, মহান শব্দ হল ঔষধ যা সমস্ত ব্যাধির উপর কাজ করে। উদাহরণস্বরূপ, আমরা এখন একটি শব্দ ব্যবহার করছি - হুংকার। এটি একটি মহান শব্দ। এর প্রভাব এত গভীর যে পৃথক ব্যাধিগুলির সাথে লড়াই করার প্রয়োজন নেই। যদি সেই একক প্রভাব অজপাতে (এক গায়েত্রী মন্ত্র) পৌঁছায়, তবে সমস্ত ব্যাধি বিলীন হয়ে যাবে।

আমরা সকলেই আল্লাহ শব্দটির সাথে পরিচিত। আল্লাহ শব্দটিও হুংকার ব্যবহার করে। এবং যখন একজন সাধক আল্লাহ ব্যবহার করেন, তখন ফলাফল হয় - আল্লাহু, আল্লাহু, আল্লাহু। তারপর আল্লাহ পিছনে থেকে যান এবং লাহু, লাহু, লাহু। তারপর লা পিছনে থেকে যান, তারপর হু, হু, হু। এবং অবশেষে, হু ডুবে যায় এবং তা অজপা (এক গায়েত্রী মন্ত্র) হয়ে যায়। যখন হু অজপা হয়ে যায়, তখন সমস্ত অশুচিতা অদৃশ্য হয়ে যায়।

তিব্বতীয় মন্ত্র আছে, একটা মহান মন্ত্র: ওম মণি পদ্মে হম। হু হল হু-এরই একটা রূপ। ওমও হু-এর মতো কাজ করতে পারে। কিন্তু হয়তো এখন আর তা হয় না। খুব সাধারণ মানুষের জন্য, ওমও হু-এর মতো কাজ করে, কিন্তু খুব জটিল মানুষের জন্য, এটি কাজ করে না। কারণ ওমের প্রভাব খুবই মৃদু। ওমের প্রভাব খুবই মৃদু। হু-এর প্রভাব খুবই গভীর। ক্ষত গভীর।

ওমের প্রভাব খুবই মৃদু। এটি খুবই অল্প পরিমাণের ওষুধ। যারা গুরুতর অসুস্থ ছিলেন না তাদের জন্য এটি ব্যবহার করা হত। সরলমনা মানুষ, নিরীহ মানুষ, ধূর্ত নয়, অসৎ নয়, তারা ছিল সরল ও সহজ। ওম যথেষ্ট ছিল। অল্প পরিমাণে হোমিওপ্যাথি তাদের অসুস্থতা নিরাময় করত। এখন, অ্যালোপ্যাথি অনিবার্য। হু অ্যালোপ্যাথিক। ওম হোমিওপ্যাথিক। হু-এর প্রভাব তীব্র। এটি গভীরতম স্থানে প্রবেশ করে। যদি এটি অজপাতে নেমে আসে, হু গায়ত্রীতে পরিণত হয়, এবং অশুচিতা দ্রবীভূত হয়। যেকোনও মন্ত্র অজপাতে পরিণত হলে গায়ত্রীতে পরিণত হয়।

এই সূত্রের অর্থ হল, অজপাগায়ত্রী বিকারদণ্ডো ধ্যেয়:

মনের নিয়ন্ত্রণই তাদের একমাত্র পন্থা।

যারা সন্ন্যাসী তাদের কাঁধে চব্বিশ ঘণ্টা একটাই বোঝা থাকে: মনের নিয়ন্ত্রণ, মন থেকে মুক্তি, মনকে অতিক্রম করা। এটি তাদের কাঁধে চব্বিশ ঘণ্টা ঘুরতে থাকে।

আপনি নিশ্চয়ই "যাযাবর" শব্দটি শুনেছেন। এটি একটি দুর্দান্ত শব্দ। এটি ''খানাবদেশ'' শব্দ থেকে এসেছে, এর অর্থ এমন কেউ যার ঘর তাদের কাঁধে, যাযাবর। 'খানা' অর্থ ঘর। 'দোষ' অর্থ কাঁধ, 'বদোষ' অর্থ কাঁধে। যারা তাদের ঘর কাঁধে বহন করে তাদের বলা হয় যাযাবর— যাযাবর মানুষ। যাদের কোনও ঘর নেই, তাদের ঘর তাদের কাঁধে।

একজন সন্ন্যাসীও দিনে চব্বিশ ঘণ্টা তার কাঁধে কেবল একটি জিনিস বহন করে: মনের নিয়ন্ত্রণ। তাহল তার অবিরাম শ্বাসপ্রশ্বাস। আমি কীভাবে মনের বাইরে যেতে পারি? কারণ মনের বাইরে সত্য। আমি কীভাবে মনের বাইরে যেতে পারি? কারণ মনের বাইরে অমৃত। আমি কীভাবে মনের বাইরে যেতে পারি? কারণ মনের বাইরে ঈশ্বর।

এটা সম্ভব। ধ্যানই এর পথ।

– ওশো

নির্বাণ উপনিষদ, সংখ্যা ৯

যখন আপনি আপনার অসুস্থতা, চাপা আবেগ এবং আপনার ভেতরের অস্থিরতা থেকে মুক্ত হবেন, তখনই তৃতীয় স্তরটি কাজে লাগানো সম্ভব। কারণ তৃতীয় স্তরটি একটি মহান মন্ত্র। এই মহান মন্ত্রটি হল একটি ধ্বনি, "হু, হু, হু।" এই ধ্বনি এত জোরে করতে হবে যে আপনার সমগ্র শরীর এবং আত্মা এতে জড়িত হয়ে যাবে, আপনার মন প্রতিধ্বনিত হবে। আপনার শরীর প্রতিধ্বনিত হবে। আপনার ভেতরে এমন কিছু থাকতে দেবেন না যা "হু" শব্দ নির্গত করতে বাধার সৃষ্টি করে। আপনার শরীরের প্রতিটি কোষ, প্রতিটি নিঃশ্বাস, প্রতিটি চুল "হু" শব্দে পূর্ণ করতে হবে। যখন আপনি খালি থাকবেন তখনই এই ধ্বনি কাজে লাগানো যাবে। যখন আপনি উন্মাদনায়, বিকৃত কণ্ঠে ভরা থাকবেন এবং আপনার ভেতরে একটা ভিড় উত্তেজনার সৃষ্টি করবে, তখন এই "হু" শব্দ আপনার ভেতরে প্রবেশ করতে পারবে না। যখন আপনি সম্পূর্ণ শূন্য থাকবেন, এবং ভেতরে নীরবতা এবং শূন্যতা থাকবে, তখন "হু" শব্দ আপনার ভেতরে লুকিয়ে থাকা বিশালতাকে আঘাত করতে শুরু করবে।

এই "হু" ধ্বনির অনেক পরিণাম পাওয়া যায়। প্রথমত, আপনি যখনই নিজেকে পূর্ণ করতে শুরু করেন, তখনই আপনার যৌন শক্তি, আপনার যৌন কেন্দ্র, ভেতরে আহত হতে শুরু করে। একজন মানুষের একমাত্র শক্তি হল যৌন শক্তি। যদি যৌন শক্তি বাইরের দিকে প্রবাহিত হয়, তাহলে এর ফলে জৈবিক সন্তানের উৎপাদন হয়। যদি যৌন শক্তি ভিতরে প্রবাহিত হয়, তাহলে আধ্যাত্মিকতার জন্ম হয়।

যৌন শক্তি হল জন্মের জননী। যৌন কেন্দ্র সাধারণত বাইরে থেকে আঘাতপ্রাপ্ত হয়। একজন পুরুষ একজন মহিলার দিকে তাকায় এবং তার যৌন কেন্দ্র আঘাতপ্রাপ্ত হয়। একজন মহিলা একজন পুরুষের প্রতি আকৃষ্ট হয়, এবং তার যৌন কেন্দ্র তৎক্ষণাৎ বাইরে থেকে আঘাতপ্রাপ্ত হয়। এই আঘাতটি বৈদ্যুতিক আঘাতের মতো। পুরুষ এক ধরণের বিদ্যুৎ, এবং মহিলা অন্য ধরণের বিদ্যুৎ। উভয়ই বিদ্যুতের বিপরীত মেরু, একে অপরকে আকর্ষণ করে। কিন্তু আকর্ষণের এই প্রভাব সর্বদা বাইরে থেকে আসে এবং যৌন শক্তি যে দিকে আঘাতপ্রাপ্ত হয় সেই দিকেই প্রবাহিত হতে শুরু করে।

"হু" ধ্বনি দিয়ে আঘাত করার চেষ্টা করা হচ্ছে। যখন আপনি খুব জোরে "হু" ধ্বনি নির্গত করেন, তখন "হু" ধ্বনি আপনার নাভির ঠিক নীচের যৌন কেন্দ্রে আঘাত করবে। এটি একটি অভ্যন্তরীণ আঘাত, ঠিক সেই কেন্দ্রেই, এবং এই আঘাতটি এত জোরে হওয়া উচিত যাতে কেন্দ্রটি ভেতর থেকে ভেঙে যায়। এই কেন্দ্রটি ভেতর থেকে ভেঙে যাওয়ার সাথে সাথে একটি ছোট গর্ত তৈরি হয় এবং আপনার অন্তর আত্মা শক্তি অর্জন করতে শুরু করে। যোগ এটিকে কুণ্ডলিনী বলে, অথবা এটি একে বিভিন্ন নাম দিয়েছে। নামটির কোনও পার্থক্য নেই। যৌন শক্তি নিজেই অন্তর্মুখী হয়ে যায় এবং একটি আধ্যাত্মিক শক্তিতে পরিণত হয়। আপনি সরাসরি এটি অনুভব করবেন; "হু" আঘাত করার সাথে সাথে আপনার যৌন শক্তির একটি উত্তপ্ত প্রবাহ উপরের দিকে উঠতে শুরু করবে। আপনি আপনার শরীরেও এটি অনুভব করবেন। আপনার মেরুদণ্ডে একটি নতুন প্রবাহ শুরু হচ্ছে, মেরুদণ্ড উত্তপ্ত হতে শুরু করবে, যেন ভেতরে কিছু গরম লাভা প্রবাহিত হচ্ছে এবং এই লাভা যখন আপনার মেরুদণ্ডের উপরে উঠতে শুরু করবে, তখন আপনি দেখতে পাবেন যে আপনি বদলাতে শুরু করেছেন, আপনি

আলাদা হতে শুরু করবেন, একজন নতুন ব্যক্তি আবির্ভূত হতে শুরু করবে।

আপনার মেরুদণ্ডে যৌন শক্তির এই প্রবাহ যত বেশি বৃদ্ধি পাবে, আপনি তত বেশি জীবন উপলব্ধি করতে শুরু করবেন। যৌন কেন্দ্রে কেন্দ্রীভূত শক্তি ভৌত দেহের বাইরে আর কিছু অনুভব করতে পারে না। এটি সর্বনিম্ন বিন্দু, এবং আপনার শরীরে এমন সাতটি চক্র রয়েছে। প্রতিটি চক্র প্রতিটিতে প্রবেশ করে, এবং আপনি একটি নতুন দেহ অনুভব করতে শুরু করেন। সপ্তম দেহে, আপনি সেই স্থানটি অনুভব করেন যা আমরা মোক্ষ লাভ বলি। কারণ সেই বিন্দু থেকে, আপনি অশরীরী, অপার্থিব, ইমম্যাটিরিয়াল অনুভব করতে শুরু করি।

এটি কখনও কখনও এক মুহূর্তের মধ্যে ঘটতে পারে। কখনও কখনও এটি দীর্ঘ সময় নিতে পারে। এটি আপনার তীব্রতা এবং আপনি কতটা গভীরভাবে আঘাত করবেন তার উপর নির্ভর করবে।

তাই, তৃতীয় পর্যায়ে, 'হু'-কে এত জোরে আঘাত করুন যাতে শক্তির এই কেন্দ্রটি আপনার মধ্যে নির্গত হতে শুরু করে এবং বৈদ্যুতিক প্রবাহ এই কেন্দ্র থেকে আপনার মেরুদণ্ডের উপরে তার ঊর্ধ্বমুখী যাত্রা শুরু করে।

—ওশো

ধ্যান কে কমল' নং ১০

'হু' মন্ত্রটি কখন এবং কেন উচ্চারণ করা উচিত?

সুফিরা "হু" ধ্বনি ব্যবহার করেছেন। আর যদি আপনি এই ধ্বনিটি জোরে উচ্চারণ করেন, তাহলে এটি আপনার যৌন কেন্দ্রের গভীরে প্রবেশ করে। এই ধ্বনিটি ভেতরে আঘাত করার জন্য ব্যবহৃত হয়। যখন আপনি ভেতরে থেকে শূন্য এবং রিক্ত থাকবেন, তখনই এই ধ্বনি আপনার ভেতরে প্রবেশ করতে পারে। ভেতরে শব্দের চলাচল তখনই সম্ভব যখন আপনি শূন্য থাকবেন। যদি আপনি পরিপূর্ণ রূপে দমিত হন, তাহলে কিছুই ঘটবে না, এবং কখনও কখনও মন্ত্র বা শব্দের উচ্চারণ বিপজ্জনক হতে পারে যদি আপনি পরিপূর্ণ ভাবে দমিত থাকেন, কারণ প্রতিটি দমন ভিতরের শব্দকে পরিবর্তন করবে, এবং শেষ ফলাফল এমন কিছু হতে পারে যা আপনি কখনও স্বপ্নেও

ভাবেননি, যা আপনি কখনও চাননি, যা আপনি কখনও আশা করেননি, কারণ দমনের প্রতিটি স্তর শব্দের পথ পরিবর্তন করবে। আপনার একটি খালি মন প্রয়োজন, তবেই একটি মন্ত্র ব্যবহার করা যেতে পারে।

তাই আমি কখনও কাউকে মন্ত্র পড়ার পরামর্শ দিই না। প্রাচীন ভারতে, এমন কিছু মন্ত্র ছিল যা কেবল ত্যাগীদের জন্য ছিল, গৃহস্থদের জন্য নয়। গৃহস্থদের সেগুলি ব্যবহার করার অনুমতি ছিল না কারণ গৃহস্থদের জীবন বিভিন্ন প্রক্রিয়ার মধ্যে দিয়ে অতিবাহিত হয়। "হু" ধ্বনি তাদের ব্যাহত করতে পারে। তাই, কেবল ত্যাগীদেরই কিছু মন্ত্র ব্যবহার করার অনুমতি ছিল। প্রাচীনকালে, বিশেষ করে তিব্বতে, যখনই কোনও সন্ন্যাসীকে মন্ত্র দেওয়া হত, তখন তাকে একটি ফুল স্পর্শ করতে হত, একটি ডালে থাকা জীবন্ত ফুল। এবং যদি ফুলটি তার স্পর্শে শুকিয়ে যেত তবেই তাকে মন্ত্রটি দেওয়া হত, কারণ মন্ত্রটি তার ভিতরে একটি সূক্ষ্ম মৃত্যু ঘটাত। গৃহস্থদের এই মন্ত্রগুলি ব্যবহার করার অনুমতি ছিল না কারণ তাহলে মৃত্যু তাদের চারপাশে ঘুরতে শুরু করত।

যদি আপনি বিরক্ত হন এবং নিজেকে এর থেকে মুক্ত না করেন, তাহলে "হু" ধ্বনি আপনাকে আরও বিরক্ত করতে পারে। তাই, সক্রিয় ধ্যানের তৃতীয় পর্যায়ে, দশ মিনিটের জন্য এই "হু" ধ্বনিটি ব্যবহার করুন—যত জোরে সম্ভব। এতে আপনার সমস্ত শক্তি নিয়োজিত করুন। এটি একটি আঘাতের মতো কাজ করে। যখন আপনি খালি থাকেন, তখন এই "হু" ধ্বনি ভিতরের গভীরে গিয়ে যৌন কেন্দ্রকে আঘাত করে।

যৌন কেন্দ্রকে দুটি উপায়ে আঘাত করা যেতে পারে। প্রথমটি স্বাভাবিক। যখনই আপনি বিপরীত লিঙ্গের প্রতি আকৃষ্ট হন, তখন যৌন কেন্দ্রটি বাইরে থেকে আঘাত পায়। এবং এই আঘাতটি আসলে একটি সূক্ষ্ম কম্পন। একজন পুরুষ একজন মহিলার প্রতি আকৃষ্ট হয়, অথবা একজন মহিলা একজন পুরুষের প্রতি আকৃষ্ট হয়। তারা কেন আকৃষ্ট হয়? একজন পুরুষের কী আছে? একজন মহিলার কী আছে? একটি ইতিবাচক বা নেতিবাচক শক্তি তাদের স্পর্শ করে, একটি সূক্ষ্ম কম্পন। আসলে, এটি একটি শব্দ। আপনি নিশ্চয়ই পাখিদের যৌন

আকর্ষণের জন্য ধ্বনির ব্যবহার করতে দেখেছেন। তাদের সমস্ত ধ্বনি যৌন শক্তিতে পরিপূর্ণ। তারা ক্রমাগত একে অপরকে ধ্বনির সাহায্যে আক্রমণ করে, যা বিপরীত লিঙ্গের যৌন কেন্দ্রকে আঘাত করে।

বিদ্যুতের মাইক্রোওয়েভগুলি বাইরে থেকে আপনাকে আঘাত করছে। যখন আপনি যৌন কেন্দ্রটি বাইরে থেকে আঘাত করেন, তখন শক্তি বাইরের দিকে প্রবাহিত হতে শুরু করে। এর ফলে প্রজনন শুরু হয়; আপনার থেকে আরেকটি সত্তার জন্ম হয়।

এই "হু" ধ্বনির ভেতর থেকে সেই একই শক্তি কেন্দ্রকে আঘাত করে, এবং যখন ভেতর থেকে যৌন কেন্দ্রটিকে আঘাত করা হয়, তখন শক্তি ভেতরের দিকে প্রবাহিত হতে শুরু করে। ভেতরে প্রবাহিত শক্তি আপনাকে সম্পূর্ণরূপে বদলে দেয়। আপনি রূপান্তরিত হন। আপনি নিজেকে নতুন রূপে আবিষ্কার করেন।

চতুর্থ ধাপ

দশ মিনিটের সঙ্গীত বন্ধ হওয়ার সাথে সাথে, "স্টপ" শব্দের সাথে, পনের মিনিটের জন্য আপনি যে ভঙ্গিতেই থাকুন না কেন, সেই অবস্থাতেই দাঁড়িয়ে। ঠিক যেমন শিশুরা মূর্তির খেলা খেলে, ঠিক তেমনি মূর্তির মতো, পাথরের মতো হয়ে যান। এটি দৃঢ় সংকল্পের পর্যায়; দৃঢ় সংকল্পকে শক্তিশালী হতে হবে। দুর্বল সংকল্প আমাদের বারবার হতাশ করে। পনের মিনিটের জন্য আপনার অবস্থান যেমন আছে তেমন ভাবেই দাঁড়ান।

ওশোর শিক্ষা

ত্রিশ মিনিটের মধ্যে, আপনার শরীর ক্লান্ত হয়ে যাবে, আপনার প্রাণশক্তি ক্লান্ত হয়ে যাবে, আপনার মানসিক শক্তি ক্লান্ত হয়ে যাবে। এই তিনটি স্তর তিনটিকেই ক্লান্ত করে দেবে। আর ত্রিশ মিনিটের মধ্যে, আপনাকে চাপ এবং উত্তেজনার এমন এক চরম শিখরে পৌঁছাতে হবে, এই সব এমন জোরে করুন যাতে আপনি সম্পূর্ণ মৃত অবস্থায় পড়ে থাকবেন।

ত্রিশ মিনিট পর, আমি আপনাকে বলব, "যথেষ্ট হয়েছে, এখন থামো।" কেউ বসে থাকবে, কেউ পড়ে যাবে, কেউ দাঁড়িয়ে থাকবে। যে যে অবস্থায়ই থাকুক না কেন, সে সেখানেই থাকবে। সেই সময়ে, আপনার কিছু করার নেই। যদি তারা পড়ে যায়, তাহলে তারা সেখানেই থাকবে; যদি তারা বসে থাকে, তাহলে তারা সেখানেই থাকবে; যদি তারা দাঁড়িয়ে থাকে, তাহলে তারা সেখানেই থাকবে। এমন নয় যে আপনি দাঁড়িয়ে থাকলে নিজের থেকেই বসে পড়বেন। সেই সময়ে আপনি যে অবস্থায় থাকুন না কেন, আপনি সেখানেই থাকবেন এবং পনের মিনিট অপেক্ষা করবেন কী ঘটছে তা দেখার জন্য।

এই পনের মিনিটে অনেক অভিজ্ঞতার সৃষ্টি হবে। স্বাভাবিকভাবেই সেই পনের মিনিটে সবাই শান্তি অনুভব করবে। অর্ধেকের বেশি বন্ধু আনন্দ অনুভব করবে। আরও বেশি বন্ধু জ্ঞানলাভের অভিজ্ঞতা লাভ করবে। কিছু বন্ধু রঙের অভিজ্ঞতা লাভ করবে, কিছু বন্ধু সুগন্ধির অভিজ্ঞতা লাভ করবে, তবে প্রত্যেকেরই আলাদা আলাদা অভিজ্ঞতা হবে।

এই অভিজ্ঞতার ধারা আপনার ভেতরে প্রবাহিত হতে শুরু করবে; আপনাকে অবশ্যই সাক্ষীর মতো সচেতনতার সাথে এটি পর্যবেক্ষণ করতে হবে। এই অভিজ্ঞতাগুলি আধ্যাত্মিক নয়; এগুলি মানসিক অভিজ্ঞতাও। কিন্তু এগুলি আধ্যাত্মিকতার দিকে অগ্রসর হওয়ার সূচক। এই সমস্ত কিছুই, এমনকি কিছু বন্ধুর জন্যও, চার দিনের মধ্যে অদৃশ্য হয়ে যাবে; থেকে যাবে কেবল শূন্যতা। এবং সেই শূন্যতার মধ্যে, আমরা যাকে নিরাকার ঈশ্বর, ব্রহ্ম, আত্মা বলি - তার জন্য যে শব্দই ব্যবহার করা হোক না কেন - তার অভিজ্ঞতা, এর স্বাদ, এর সারাংশ বেরিয়ে আসতে শুরু করবে।

তৃতীয় পর্যায়ে, আমি আপনার শক্তি বৃদ্ধির উপায় হিসেবে 'হু'-এর ব্যবহার করি। এই প্রথম তিনটি পর্যায় হল ক্যাথারসিস। বাস্তবে, এগুলি ধ্যান নয়, বরং ধ্যানের প্রস্তুতি। এগুলি লাফ দেওয়ার প্রস্তুতি, লাফ নয়।

চতুর্থ ধাপ হল লাফ। আমার মতে, চতুর্থ ধাপটি হল, কেবল সাক্ষী থাকা। একটি সচেতন সচেতনতা। কিছুই করবেন না, শুধু দেখবেন। কোনও কার্যকলাপ নেই, কোনও ইচ্ছে নেই, কোনও পরিণতি নেই, কেবল একটি মুহূর্তের মধ্যে থাকা।

এই প্রথম তিনটি ধাপের কারণেই আপনার কেন্দ্রে, অর্থাৎ আত্মার মধ্যে থাকা সম্ভব। এই তিনটি ধাপ অতিক্রম না করলে আপনি নিজের সাথে থাকতে পারবেন না। আপনি তা নিয়ে কথা বলতে পারেন, তা নিয়ে ভাবতে পারেন, স্বপ্ন দেখতে পারেন, কিন্তু ঘটনাটি ঘটবে না কারণ আপনি প্রস্তুত নন।

প্রথম তিনটি ধাপ আপনাকে প্রস্তুত করবে যাতে আপনি এই মুহূর্তে সচেতনভাবে থাকতে পারেন। একেই ধ্যান বলে। আর এই ধ্যানে, শব্দের বাইরে কিছু ঘটে। একবার এটি ঘটলে, আপনি আর

আগের মতো থাকবে না। তা অসম্ভব হয়ে উঠবে। এটি এক বিবর্তন। তা শুধু কোনও অভিজ্ঞতা নয়; এটি একটি বিবর্তন। এটাই মিথ্যা পদ্ধতি এবং বাস্তব পদ্ধতির মধ্যে পার্থক্য। মিথ্যা পদ্ধতিতে, আপনি হয়তো অনুভব করতে পারবেন, কিন্তু আপনি আবার পড়ে যাবেন; এটা ছিল একটা আভাস মাত্র, বিবর্তন নয়। তা LCD দিয়ে ঘটতে পারে। আপনি একটা আভাস পাবেন। তা অন্যান্য পদ্ধতির সাথেও ঘটতে পারে। আপনি এক ঝলক পাবেন, আপনি অভিজ্ঞতা লাভ করবেন, এবং তারপর আপনি পড়ে যাবেন কারণ আপনি বিবর্তিত হননি। আপনি অভিজ্ঞতা অর্জন করেছেন, কিন্তু অভিজ্ঞতা আপনাকে অর্জন করতে পারেনি। যদি কোনও শিশু যুবক হওয়ার স্বপ্ন দেখে, তাহলে সে হয়তো তার এক ঝলক দেখতে পাবে, কিন্তু তা এখনও স্বপ্নই থেকে যাবে। এই স্বপ্ন ভেঙে যাবে এবং সে আবার শিশু হয়ে উঠবে। কিন্তু যদি আপনি বিবর্তিত হন এবং যুবক হয়ে যান, তাহলে আপনি আর শিশু হতে পারবেন না। এটাই আসল বিবর্তন।

তাই এই হল একটি পদ্ধতি নকল না বাস্তব তা বিচারের মাপকাঠি। এমন কিছু নকল পদ্ধতি আছে যা সম্পাদন করা সহজ, কিন্তু সেগুলি আপনাকে কোথাও পৌঁছে দেবে না। যদি আপনি কেবল অভিজ্ঞতার পিছনে ছুটতে থাকেন, তাহলে আপনি যেকোনও নকল পদ্ধতির শিকার হবেন। আসল পদ্ধতির সাথে অভিজ্ঞতার কোনও সম্পর্ক নেই; আসল পদ্ধতির সাথে প্রকৃত বৃদ্ধি জড়িত। যদিও অভিজ্ঞতার কাছে, সেগুলি অর্থহীন। আমি অভিজ্ঞতা নিয়ে নয়, বৃদ্ধি নিয়ে উদ্বিগ্ন। অভিজ্ঞতা হল আপনার বিকাশের সাথে সাথে ঘটে যাওয়া ঘটনা।

এমনভাবে বিকাশ করুন যাতে আপনি একত্রিত হতে পারেন, সম্পূর্ণ এবং সুস্থ হয়ে উঠতে পারেন। এই সুস্বাস্থ্য আপনার উপর চাপিয়ে দেওয়া যাবে না। সমাজ আপনার উপর সুস্বাস্থ্য চাপিয়ে দিচ্ছে যাতে আপনি ভিতরে অসুস্থ থাকেন এবং কেবল সুস্থতার ভান করেন।

আমি আপনার উপর কিছু চাপিয়ে দেব না। বিপরীতে, আমি আপনার পাগলামি বের করে আনব। যখন এটি সম্পূর্ণরূপে বেরিয়ে আসবে, যখন এটি আকাশে নিক্ষেপ করা হবে, তখন আপনি প্রকৃত সাথে হয়ে উঠবেন। আপনি বিকশিত হবেন।

চতুর্থ পর্যায়: হঠাৎ করে ঝামেলা বন্ধ করা:

প্রথম ধাপ হল আপনার জীবনীশক্তির পরিবর্তন করা— আপনার শ্বাস-প্রশ্বাসের প্রক্রিয়ার পরিবর্তন করা। দ্বিতীয় ধাপ হল আপনার দমিত আবেগ, মনের দমিত অংশগুলিকে মুক্ত করা, আর তৃতীয় ধাপ হল আপনার জীবনীশক্তিকে উপরের দিকে নিয়ে যাওয়া। যখন শক্তি উপরের দিকে চলতে শুরু করে, তখন আপনাকে কিছু করতে হবে না। তাই আমি সবসময় নড়াচড়া না করার জন্য জোর দিই। তৃতীয় ধাপে যখন আমি বলি "থামো", তখন সম্পূর্ণরূপে থামুন। কিছুই করবেন না। কারণ কিছু করলে আপনি বিভ্রান্ত হবেন এবং আপনি পুরো জিনিসটি মিস করবেন। সামান্যতম জিনিস, কাশি বা হাঁচি, এবং আপনি সম্পূর্ণ জিনিসটি মিস করতে পারেন কারণ আপনার মন বিক্ষিপ্ত। তারপর প্রবাহ সম্পূর্ণরূপে বন্ধ হয়ে যাবে কারণ আপনার মনোযোগ অন্যদিকে সরে যাবে।

কিছু করবেন না। আপনি মারা যাবেন না। এমনকি যদি আপনার হাঁচতে ইচ্ছে করে এবং আপনি দশ মিনিটের জন্য না হাঁচেন, তবুও আপনি মারা যাবেন না। যদি আপনার কাশি পায়, কোথাও চুলকায়, অথবা গলা ব্যথা করে, এবং আপনি যদি কিছু না করেন, তাহলে আপনি মারা যাবেন না। ভয় পাবেন না; এর জন্য কেউ কখনও মারা যায়নি। শরীরের কথা বলতে গেলে, মৃত হও, যাতে শক্তি এক প্রবাহে চলতে পারে।

শক্তি যখন উপরের দিকে প্রবাহিত হয়, তখন আপনি ক্রমশ নীরব হয়ে যান। নীরবতা হল শক্তির ঊর্ধ্বমুখী প্রবাহের একটি উপজাত, এবং উত্তেজনা হল শক্তির নিম্নমুখী প্রবাহের একটি উপজাত। শক্তি যখন নিচের দিকে প্রবাহিত হয় তখন আপনি ক্রমশ উত্তেজিত ওঠেন। শক্তি যখন উপরের দিকে এবং ভিতরে প্রবাহিত হয় তখন আপনি ক্রমশ শান্ত, ধীর এবং স্থির হয়ে যান। 'নিম্নমুখী' এবং 'বাহ্যিক' শব্দ দুটি সমার্থক, এবং 'অভ্যন্তরীণ' এবং 'ঊর্ধ্বমুখী' শব্দ দুটিও সমার্থক। আপনি সম্পূর্ণ নীরব হয়ে যান, এবং শক্তি একটি বন্যার মতো প্রবাহিত হয়, সমস্ত চক্রের মধ্য দিয়ে, সমস্ত কেন্দ্রের মধ্য দিয়ে। যখন এটি সমস্ত চক্রের মধ্য দিয়ে প্রবাহিত হয়, তখন এটি সেইগুলি পরিষ্কার

করে, তাদের বিশুদ্ধ করে। এটি তাদের সক্রিয় এবং সজীব করে, এবং সেই বন্যা একেবারে শেষ চক্রে পৌঁছায়।

কাম হল প্রথম চক্র, সর্বনিম্ন, এবং আমরা কেবল সর্বনিম্ন চক্রে বাস করি। অতএব, আমরা জীবনকে তার সর্বনিম্ন অবস্থায় জানি। যখন শক্তি ঊর্ধ্বমুখী প্রবাহিত হয় এবং শেষ চক্র - সহস্রার - এ পৌঁছায় তখন শক্তি তার সর্বোচ্চ পর্যায়ে থাকে। জীবন তার সর্বোচ্চ পর্যায়ে থাকে। তারপর আপনি অনুভব করবেন সমগ্র বিশ্ব নীরব হয়ে গিয়েছে, এমনকি একটি শব্দও পাওয়া যাবে না। যখন শক্তি তার শেষ, চূড়ান্ত চক্রে পৌঁছায় তখন সবকিছু সম্পূর্ণ নীরব হয়ে যায়।

আপনি প্রথম চক্রটি জানেন; সেখান থেকে বোঝা সবচেয়ে ভালো। যখন শক্তি কামকেন্দ্রে পৌঁছায়, তখন আপনি সম্পূর্ণ উত্তেজনায় আচ্ছন্ন হয়ে পড়েন। আপনার শরীর তখন উত্তপ্ত হতে শুরু করে, আপনার শরীরের প্রতিটি কোষ তৃপ্তি লাভ করে। আপনার তাপমাত্রা বেড়ে যায়, আপনার রক্তচাপ বেড়ে যায়, আপনার শ্বাস-প্রশ্বাস ব্যাহত হয়। আপনার পুরো শরীর অস্থায়ী বিকারগ্রস্ত অবস্থায় পৌঁছে যায়—নিম্নস্তরে পৌঁছায়।

শেষ চক্রে ঠিক বিপরীতটি ঘটে। আপনার শরীর এত শীতল, এত শান্ত হয়ে যায়, যেন এটি দ্রবীভূত হয়ে গিয়েছে। আপনি তা অনুভবও করতে পারেন না। আপনি অশরীরী হয়ে যান, যেন দেহের অস্তিত্বই নেই। আর যখন আপনি শান্ত থাকেন, তখন সমস্ত অস্তিত্বও শান্ত হয়ে যায়, কারণ অস্তিত্ব একটি আয়না ছাড়া আর কিছুই নয়; এটি আপনাকে প্রতিফলিত করে। এটি আপনাকে হাজার হাজার আয়নায় প্রতিফলিত করে। যখন আপনি শান্ত থাকেন, তখন সমস্ত অস্তিত্বও শান্ত হয়ে যায়।

-ওশো

কেনোপনিষদ

শরীরকে সংগঠিত করবেন না

সকালের গতিশীল ধ্যানের চতুর্থ পর্যায়ে, শরীরকে মৃত তথা নিশ্চল রাখার চেষ্টায় এবং মানুষ উদ্বিগ্ন হয়ে ওঠে। যেহেতু এই পর্যায়টি সম্পূর্ণ শিথিলকরণ, তাই ছেড়ে দেওয়ার বিষয়ে, একজন কীভাবে শিথিল এবং

স্থির থাকতে পারে? আনন্দের পরিবর্তে, এটি একটি উত্তেজনায় পরিণত হয়।

একজন মৃত ব্যক্তি সম্পূর্ণ শিথিল। এটি উত্তেজনাপূর্ণ হতে পারে না। একজন মৃত ব্যক্তি উত্তেজনাপূর্ণ হতে পারে না, নাকি তা হতে পারে? তারা শিথিল হয় কারণ এমন কোনও অহং অবশিষ্ট থাকে না যা তাকে উত্তেজিত করে তুলতে পারে। কেবল অহং উত্তেজনাপূর্ণ। তাই, চতুর্থ পর্যায়ে, যখন আমি বলি মৃত হয়ে যান, তার অর্থ হল একজন মৃত ব্যক্তির মতো শিথিল হয়ে যান। আপনার অবশ্যই স্থির এবং মৃত হওয়ার চেষ্টা করা উচিত নয়। যদি আপনি চেষ্টা করেন, তাহলে এর সম্পূর্ণ বিপরীত ফলাফল পাওয়া যাবে। স্থির হওয়ার চেষ্টা করবেন না, মরার জন্য কোনও চেষ্টা করবেন না। শুধু শিথিল হয়ে যান এবং মৃত হয়ে যান।

এই দুটি ভিন্ন জিনিস। যদি আপনি মৃত হওয়ার চেষ্টা করেন, তাহলে আপনার পুরো শরীর উত্তেজনায় ভরে যাবে, এবং যখন আপনি উত্তেজিত হবেন, তখন আপনি মৃত হতে পারবে না, আপনি বিশ্রাম গ্রহণ করতে পারবেন না। শুধু শরীরকে শিথিল হতে দিন, যেন এটির অস্তিত্ব নেই, যেন এটি মৃত। এটাকে মৃত করার জন্য কোনও চেষ্টা করবেন না। শুধু বিশ্রামে থাকুন এবং অনুভব করুন যে শরীরটি মৃত, এবং আপনাকে এর জন্য কিছু করতে হবে না।

আমি আপনাকে বারবার বলছি হাঁচবেন না, কাশিও না, এমনকি যদি আপনার গলা ব্যথা হয়, তখন আপনি কী করেন? যদি আপনি তা থেকে মুক্ত হওয়ার চেষ্টা করেন, তাহলে তা আরও খারাপ হবে। যদি আপনি তা দূর করেন, তাহলে তা আরও শক্তিশালী হয়ে ওঠে, কারণ এটা এক ধরণের দমন, এবং আপনাকে কাশিতেই হবে। অথবা যদি হাঁচি আসে, তাহলে আপনি কী করেন? যদি আপনি এটা থামান, তাহলে এটা আরও শক্তিশালী হবে। এটা আগের চেয়েও শক্তি অর্জন করে বেরিয়ে আসতে চাইবে।

কিন্তু একটা উপায় আছে—যদি আপনি গলা ব্যথা অনুভব করেন এবং আপনার কাশি আসে, তাহলে আপনার গলা শিথিল করুন। থামানোর চেষ্টা করবেন না, শুধু আপনার গলা শিথিল করুন। গলা ব্যথা নিয়ে উদাসীন থাকুন এবং এটিকে শিথিল হতে দিন।কোনও রকম চাপ দেবেন না, কারণ উত্তেজনা এটিকে আরও খারাপ করবে। আপনার গলা শিথিল হতে দিন এবং তা নিয়ে উদাসীন থাকুন। মনে করুন যেন এর সাথে আপনার কোনও সম্পর্ক নেই, দেখবেন কয়েক

মুহূর্তের মধ্যেই গলা ব্যথা চলে যাবে। যদি আপনি হাঁচি অনুভব করেন, তাহলে কেবল এর প্রতি উদাসীন থাকুন, তা নিয়ে কিছু করবেন না। যখন আপনার হাঁচি পায় তখন সেই জায়গাটিকে শিথিল করুন এবং এটির প্রতি উদাসীন থাকুন।

এই উদাসীনতা গ্রহণ করতে পারলে, একশোর মধ্যে নিরানব্বই শতাংশ, হাঁচি চলে যাবে। একশোর মধ্যে হয়তো মাত্র একবার হাঁচির সম্ভাবনা দেখা যাবে - কিন্তু তাও আপনাকে বিরক্ত করবে না, কারণ আপনি এর প্রতি এতটাই উদাসীন যে যদি তা হয়, তবুও এটি অন্য কারোর মতো মনে হবে। আপনি এটি থেকে এতটাই বিচ্ছিন্ন যে এটি ঘটলেও কোনও পার্থক্য দেখা যাবে না; ভিতরে, আপনি অস্থির থাকবেন।

আর আমি আপনাকে বলছি না যে হাঁচবেন না কারণ এটি অন্যদের বিরক্ত করে - না। আর আমি আপনাকে বলছি না যে কাশবেন না, কারণ এটি অন্যদের বিরক্ত করে। ব্যাপারটা এমন নয়। আপনি নিজেকে এলোমেলো করে দেওয়ার চেষ্টা করুন। এতে করে আপনি সম্পূর্ণ প্রচেষ্টার কেন্দ্রবিন্দু থেকে বিচ্যুত হবেন, সমস্ত কঠোর পরিশ্রম নষ্ট হয়ে যাবে।

সকালের ধ্যানের সময় চাপমুক্ত থাকুন। তৃতীয় ধাপের পরে শিথিল থাকুন। আপনাকে আরও একটি জিনিস মনে রাখতে হবে। আপনার সকালের ধ্যানের সময়, যখন আমি বলি "থামো", তখন ক্রমাগত বাজতে থাকা সঙ্গীত বন্ধ হয়ে যায়, তখন আপনার শরীরকে ব্যবস্থিত করতে যাবেন না। কোনও ভঙ্গিমা বজায় রাখার চেষ্টা করবেন না, এমনকি শুয়েও পড়বেন না। শরীরকে যেমন আছে তেমনই রাখার চেষ্টা করুন। যতই অস্বস্তিকর হোক না কেন, সেখানেই থামুন।

হয়তো আপনি লাফ দিচ্ছেন, কিন্তু সেই অবস্থান আরামদায়ক নয়। সেই অবস্থানেই স্থির থাকুন্। এটা পরিবর্তন করবেন না। যখনই বুঝতে পারবেন সঙ্গীত বন্ধ হয়ে গিয়েছে, তখনই থামুন। একেবারে মৃত হয়ে যান। কারণ আপনি নিজের শরীরকে শিথিল করতে পারেন, আপনি শুয়ে থাকতে পারেন, কিন্তু এই বিরতি শক্তিকে ব্যাহত করবে, এই বিরতিই তার দিক পরিবর্তন করবে।

তিনটি পর্যায়ে, আপনি একটি প্রাণবন্ত শক্তি তৈরি করতে সক্ষম হয়েছেন, একটি বন্যার মতো শক্তি। এখন, কেবল আপনার শরীরকে

শিথিল করলে আপনি তা ভুলে যাবেন, এবং আপনার মনোযোগ বিক্ষিপ্ত হবে। এটা করবেন না। যখন আমি বলি "থামো," তখনই থামুন—আপনি যেখানে, যে অবস্থায় আছনে সেখানেই। আর কে দেখছে তাকে ধোঁকা দেওয়ার চেষ্টা করতে যাবেন না! কেন নিজের শরীরকে একটু আরামদায়ক করে তুলছেন না? এর সাথে কারোর কী সম্পর্ক? আপনি নিজের সাথে প্রতারণা করবেন না।

আরও একটা কথা! দ্বিতীয় পর্যায়ে, যখন আপনি নিজের সমস্ত চাপা আবেগ প্রকাশ করছেন, যখন আপনি ক্যাথারসিসে সম্পূর্ণরূপে উন্মাদ, তখন খুব জোরের সাথে একটা কাজ করুন। আপনার মুখের পেশীগুলিকে সংকুচিত করুন এবং তারপর তাদের শিথিল করুন। সংকুচিত করুন এবং ছেড়ে দিন। আপনার শরীর আপনার মুখের মতো টানটান নয়। অতএব, মুখই সকল উত্তেজনার কেন্দ্রবিন্দু এবং আপনার মুখেই তা সবচেয়ে বেশি প্রকাশ পায়, তাই মুখটিই সবচেয়ে বেশি চাপা পড়ে। আপনার মুখের মাধ্যমেই আপনি দমন করেন বা প্রকাশ করেন। তাই, দ্বিতীয় পর্যায়ে, আপনার পুরো শরীর দিয়ে প্রকাশ করুন, কিন্তু মনে রাখবেন আপনার মুখ শক্ত ও শিথিল করতে, শক্ত করে টানটান করতে এবং ছেড়ে দিতে হবে। এইভাবে, অনেক চাপা আবেগ সহজেই মুক্তি পাবে।

বিশ্রাম নেওয়াটা করার মতো কোনও কাজ নয়; আসলে, আপনি আরাম করতে পারেন না। কেউ পারবে না, কারণ আরাম হল যেকোনও কিছু করার বিপরীত। আপনি কেবল কাজ বন্ধ করতে পারেন, আর আরাম বোধ করেন। তাই যখন আমি বলি, "থামো", আর সঙ্গীত থেমে যায়, তখন সম্পূর্ণরূপে থেমে যান, ঠিক যেমন আছেন, সেই ভঙ্গিতে। আবার কিছু করবেন না। শুধু থামুন—সবকিছু বন্ধ করুন। এমনকি সামান্যতম নড়াচড়াও না। তারপর খুব গভীর শান্তি বোধ করবেন, এবং তারপর আপনি পার্থক্যটি লক্ষ্য করতে পারবেন। আপনি নিজেকে একটা আরামদায়ক অবস্থায় রাখার চেষ্টা করছিলেন; এখন থেকে, নিজের শরীরকে আরামদায়ক অবস্থায় রাখার চেষ্টা করবেন না।

- ওশো

কেনোপনিষদ

পঞ্চম ধাপ

উৎসব করুন

পনেরো মিনিট পর, দলের নেতা সঙ্গীত শুরু করবেন। যদি আপনি একা এটি করেন, তাহলে আপনি ধীরে ধীরে সময়ের অনুভূতি লাভ করবেন।

সংগীত শুরু হওয়ার সাথে সাথে, পঞ্চম ধাপে প্রবেশ করুন। সঙ্গীতের তালে তালে নাচুন এবং তা উদযাপন করুন। চতুর্থ ধাপে, আপনি যে শান্তি এবং নীরবতা অনুভব করেছেন তাতে নাচুন এবং অস্তিত্বের প্রতি আপনার বিস্ময় প্রকাশ করুন। যদি আপনি চান, পঞ্চম ধাপের শেষে কয়েক মিনিটের জন্য শুয়ে থাকুন।

অবশেষে, মহোৎসব পালন করুন

প্রিয় ওশো,

সকাল ও বিকেলের ধ্যান, আমি দ্রুত গতিতে শারীরিক নড়াচড়া দিয়ে শুরু করি, কিন্তু মাঝখানে কোথাও না কোথাও—বিশেষ করে যখন সঙ্গীত এবং চারপাশের চিৎকার বেড়ে যায়—এক অদ্ভুত শান্তি আমাকে গ্রাস করে, এবং ধীরে ধীরে আমার শরীরের নড়াচড়া ধীর হয়ে যায়। সঙ্গীতের আওয়াজ বৃদ্ধির সাথে সাথে, এই শান্তি আরও গভীর হয়, এবং আমার চারপাশের ঝড়ের মধ্যে আমি শান্তির কেন্দ্র অনুভব করি। একে স্বাগত বলে মনে হয়। এটি কি কোনও প্রতিক্রিয়া, এবং তাই এটি নিরুৎসাহিত করা উচিত? আমার কি ইচ্ছাকৃতভাবে জোরে জোরে শারীরিক নড়াচড়া চালিয়ে যাওয়া উচিত এবং কেবল শেষে শান্ত হওয়া উচিত?

এমনকি শেষে, যখন আমাদের মহোৎসব করতে হয়, আমি শান্ত থাকা উপভোগ করি—এবং সঙ্গীত এবং চিৎকার যত বেশি বাড়ে, শান্তি তত গভীর হয়।

এই শান্তির কথাই বলছি; যখন শক্তি বন্যার মতো উপরের দিকে এগিয়ে যায়, তখন আপনার উপর এমন শান্তি নেমে আসবে।

নিরুৎসাহিত হবেন না; আমরা এর জন্যই চেষ্টা করছি। তাকে স্বাগত জানান। এই সেই অতিথি যার জন্য আমরা অপেক্ষা করছিলাম। তাড়াতাড়ি শুরু করুন। কিন্তু যদি আপনার মনে হয় যে আপনার শরীরের নড়াচড়া এবং শব্দ স্বয়ংক্রিয়ভাবে ধীর হয়ে যাচ্ছে, এবং আপনার উপর গভীর শান্তি নেমে আসছে, এবং আপনার চারপাশের ঝড়, শব্দ, চিৎকার ইত্যাদি আপনার শান্তিকে প্রভাবিত করছে না বরং আরও গভীর করছে - তাহলে আপনি নিশ্চিত থাকতে পারেন যে এটি বাস্তব এবং আপনি নিজেকে প্রতারণা করছেন না। তাই শান্ত থাকুন। এবং অবশেষে তা ঘটবে; যদি আপনি সত্যিই শান্ত হয়ে থাকেন, তাহলে এই শান্তি লাভই হবে আপনার মহোৎসব।

কিন্তু এটা বিভিন্ন মানুষের সাথে ভিন্নভাবে ঘটতে পারে। এটা নির্ভর করে মানুষের উপর। এটা মানুষের সাথে তাদের নিজস্ব উপায়ে ঘটবে। কেউ কেউ নাচের মাধ্যমে, কেউ গান গেয়ে এবং কেউ কেবল কান্নার মাধ্যমে তাদের আনন্দ প্রকাশ করতে চাইবে। কিন্তু এই অশ্রু দুঃখের নয়, আনন্দের হবে। কেউ কেউ কেবল শান্ত থাকবে - এটাই হবে তাদের মহোৎসব পালন।

তাই কীভাবে উদযাপন করবেন তা নিয়ে চিন্তা করবেন না। আপনার সাথে যা ঘটবে সেটাই হবে আপনার উদযাপন, এবং যদি এই ধরণের শান্তি আপনার উপর নেমে আসে, তবে এটিকে স্বাগত জানান, উপভোগ করুন। এর সাথে সহযোগিতা করুন যাতে এটি আরও গভীর হয়।

-ওশো

কেনোপনিষদ

সক্রিয় ধ্যানের চূড়ান্ত পর্যায়ে, একটি শান্তি কিন্তু একটি বিষণ্নতা আপনাকে গ্রাস করে, এমনকি যখন আপনি মহোৎসব পালন করেন। এই বিষণ্নতায় কীভাবে উদযাপন করবেন এবং কীভাবে নাচবেন?

দুঃখে থাকলে সমস্যা কী? দুঃখের সাথে নাচা সম্ভব না? আর সবচেয়ে ভালো কথা হল, যদি আপনি দুঃখের সাথে নাচেন, তাহলে শীঘ্রই আপনি দেখতে পাবেন যে দুঃখ গায়েব হয়ে যাচ্ছে। নাচ দুঃখকে বদলে দেবে। তাই থামবেন না। আজ যদি দুঃখের মুহূর্ত হয়, তাহলে

দুঃখেই নাচুন। নাচা থামাবেন না, কারণ থেমে গেলে দুঃখ আরও গভীর হবে, বোঝা হয়ে উঠবে। নাচ দুঃখকে দূর করতে সাহায্য করবে। ঠিক যেমন সূর্য ওঠে এবং মেঘ সরে যায়, যদি আপনি সত্যিই নাচেন, তাহলে মেঘ সরে যাবে।

এটি বোঝার চেষ্টা করুন: একজন দুঃখী ব্যক্তি নাচতে পারে, কিন্তু একজন নৃত্যরত ব্যক্তি দুঃখে থাকতে পারে না। দুঃখের কোনও বাধ নেই। আসুন একটু ওঠার চেষ্টা করি। নূপুর পুরোপুরি ঝনঝন করে বাজবে না, ঠিক আছে। আজ তাইই হোক। আপনার হাত-পা পূর্ণ উৎসাহের সাথে নড়ছে না, অলসতা আপনাকে গ্রাস করছে, তাই হোক। কিন্তু হাত-পা তুলুন, নাচুন, গান গাও, একটি দুঃখের গান গান, কিন্তু গান। যদি আপনি গান গান এবং নাচেন, তাহলে শীঘ্রই আপনি বুঝতে পারবেন যে দুঃখে শুরু হওয়া গানটি কখন অবশেষে দুঃখকে বিলীন করে দিয়েছে। যখন পা, দুঃখে, নেচে ওঠে... আপনি খেয়ালও করতে পারবেন না কখন দুঃখ বিলীন হয়ে গিয়েছে। হঠাৎ, আপনি দেখতে পাবেন দুঃখ চলে গিয়েছে; আর আপনি নাচছেন।

জীবনের প্রতিটি অভিজ্ঞতা থেকে নৃত্যের উদ্ভব হতে পারে। জীবনের প্রতিটি অভিজ্ঞতা একটি মহোৎসবে রূপান্তরিত হতে পারে। আর এটাই ধর্মের শিল্প: জীবনের প্রতিটি অভিজ্ঞতা থেকে...

আপনি রেগে আছেন, চিন্তা করবেন না, আজই নাচুন। এটি একটা নাচ হোক, আপনি কিছু ধ্বংস করার চেষ্টা করছেন, তাই নাচছেন। আপনার নাচ হোক ধ্বংসাত্মক। কিন্তু শীঘ্রই আপনি দেখতে পাবেন যে নাচ আপনার রাগের শক্তিকে বের করে দিয়েছে, এটি একটি ক্যাথারসিসে পরিণত হয়েছে। রাগ দ্রবীভূত হয়েছে, ঝড় কেটে গিয়েছে, এখন আপনি খুব হালকাভাবে নাচছেন, আপনার ডানা আছে।

দুঃখ হোক বা রাগ, মহোৎসব হতেই পারে। উদযাপনে বাধা দেওয়ার কিছু নেই। এটি আপনার একটি ভুল ধারণা: আজ যদি আপনি দুঃখী হন তাহলে আপনি কীভাবে নাচবেন, আপনি কেবল তখনই নাচবেন যখন আপনি খুশি থাকবেন। তাহলে আপনি কখনই নাচতে পারবেন না। কারণ আজ আপনি দুঃখী। যদি আপনি এই দুঃখ বহন করেন, তাহলে আপনি কীভাবে তা থেকে বেরিয়ে আসবেন, সুখ

কোথায় পাবেন? এমনকি আপনার সুখও দুঃখ দ্বারা ভারাক্রান্ত হবে। আপনার সুখ দুঃখ দ্বারা চাপা পড়বে। আপনি যদি খুশি হন, তবুও আপনি সম্পূর্ণ সুখী হতে পারবেন না। এমনকি আপনি হাসলেও, আপনার হাসি সম্পূর্ণ হবে না; পাথরের বোঝা এর পেছনেই থেকেই যাবে।

আপনি কি মানুষকে হাসতে দেখেন, কখনও কি লক্ষ্য করেছেন? খুব কম মানুষই মনপ্রাণ দিয়ে হাসে। এমন কাউকে খুঁজে পাওয়া বিরল যে হৃদয় থেকে হাসে, সবটাই যেন উপর উপর। এটি কেবল ঠোঁটে আসে। যদি এটি খুব গভীরে যায়, তবে এটি গলায় পৌঁছায়, কিন্তু এটি হৃদয়ে পৌঁছায় না। কারণ হৃদয় বহু জন্মের দুঃখে ঘেরা।

সেখান থেকে হাসির শব্দ বেরোতে পারে না। দরজা বন্ধ। সেখানে কখনও কোনও প্রদীপ জ্বালানো হয়নি। সেখানে কেউ কখনও প্রার্থনা করেনি, সেখানে কেউ কখনও ধূপ জ্বালায়নি। সেখানে সবকিছু নোংরা হয়ে রয়েছে। কেবল সাপ এবং বিছের সেই অন্ধকারে বাস করে এবং সেই কারণেই লোকেরা ভিতরে যেতে ভয় পায়। লোকেরা বলে, ভিতরে যাও, ভিতরে যাও। তারা ভিতরে যেতে ভয় পায় কারণ অন্ধকার ছাড়া ভিতরে আর কিছুই দেখা যায় না। কবীর বলেন, সূর্যের জ্যোতি ভিতরে জ্বলছে, কিন্তু যখন আপনি যান, তখন আপনি অন্ধকারের অন্ধকার দেখতে পান। কবীর ভুল করেননি, দাদু ভুল বলেননা। কিন্তু আপনাকে সেই অন্ধকারের সীমা অতিক্রম করতে হবে। সূর্য অন্ধকারের সেই কবরস্থানে লুকিয়ে আছে।

যেদিন একটি সমাজ নাচতে ভুলে যায়, সেদিনই অসুস্থ হয়ে পড়ে। বনে আদিবাসীরা থাকে, তারা নাচে; তাদের স্বাস্থ্য সম্পূর্ণ আলাদা বিষয়। তারা মধ্যরাত পর্যন্ত নাচে, তারার নীচে, চাঁদের আলোয়। তারা তারার মতো নাচে। তারা ক্লান্ত হয়ে ঘুমিয়ে পড়ে। কিন্তু তা ক্লান্তির ক্লান্ত নয়; সেই ক্লান্তিতে একটা হালকা ভাব আছে। তারপর, যখন একজন আদিবাসী সকালে ঘুম থেকে ওঠে, তখন তার ঘুম থেকে ওঠার মধ্যে একটা পার্থক্য থাকে: আপনি মোটেও ঘুমাচ্ছেন না। ঘুমের মধ্যেও আপনি স্বপ্ন দেখতে থাকেন, আপনি জেগে থাকার পুরো কাজটি চালিয়ে যান। ঘুমের মধ্যেও আপনি জেগে থাকেন একই দুঃস্বপ্ন দেখতে থাকেন। একই বাজার, একই বন্ধু, একই শত্রু, একই

প্রতারণামূলক কার্যকলাপ। ঘুমের মধ্যেও আপনি কষ্ট পেতে থাকেন। ঘুম আপনার জন্য কোনও শান্তিপূর্ণ অভিজ্ঞতা নয়। আদিবাসীদের জিজ্ঞাসা করুন, 'তুমি কি স্বপ্ন দেখেছ?' কোন আদিবাসী কি কখনও খুব কষ্টে আপনাকে বলবে, "হ্যাঁ, আমি জীবনে একবার দেখেছিলাম।" মনোবিজ্ঞানীরা যখন প্রথম আদিবাসীদের উপর গবেষণা শুরু করেছিলেন, তখন তারা অবাক হয়েছিলেন কারণ তারা কখনও বলেননি যে তারা কখনও স্বপ্ন দেখেছেন। স্বপ্ন অপ্রয়োজনীয়; কিছুই কখনও জমা হয় না। তারা সকালে সতেজ হয়ে ওঠে, যেমন পশু-পাখি, আর গাছপালা। তারপর সারাদিন কাজ, ব্যবসা। সন্ধ্যা হয় তুচ্ছ কাজের জন্য: খাবার আর আশ্রয়। তাদের চাহিদা কম, কিন্তু সেগুলি পূরণ হয়। সন্ধ্যায়, নাচ। নাচ তাদের প্রার্থনা। নাচ তাদের ধর্ম।

সভ্যতা প্রথমেই যে জিনিসটি ধ্বংস করে তা হল নৃত্য। সভ্য মানুষ নাচতে ভয় পায়। কোনও সভ্য জাতি নাচে না। আর যদি তারা নাচেও, তাদের নৃত্য সম্পূর্ণরূপে কামুক। কামুক নৃত্য খুবই নিম্নমানের নৃত্য।

আমি আপনাদের মহোৎসব করতে বলছি। নৃত্যকে মহোৎসবে পরিণত করুন। আমি আপনাদের বলছি এটিকে ফুলের মতো ফুটতে দিন, আপনার সমগ্র জীবনীশক্তির প্রস্ফুটিত রূপ। আপনি দেখতে পাবেন যে, সেই নৃত্যের মাধ্যমে আপনার জীবন পরিবর্তিত হতে শুরু করবে। আপনার রাগ, দুঃখ উভয়ই কমে যায়, কারণ আপনি জমা করেন না। আপনি সেই আবর্জনা নৃত্যের সাথে ফেলে দেন। আপনি আলকেমি আয়ত্ত করেছেন, এমন একটি কৌশল যার মাধ্যমে আপনি লোহাকে সোনায় পরিণত করতে পারেন, যার মাধ্যমে আপনি অকেজোকে অর্থপূর্ণ কিছুতে রূপান্তরিত করতে পারেন। প্রতিটি নৃত্যের পরে, আপনি দেখতে পাবেন যে, আপনি এত সতেজ হয়ে ফিরে এসেছেন, যেন আপনার আত্মা স্নান করে ফিরেছে। দুঃখিত বোধ করার কারণে কখনও থামবে না।

সত্যি কথা বলতে, অনেক মানুষকে পর্যবেক্ষণ করে আমার যে অভিজ্ঞতা হয়েছে, তাতে আমি দেখতে পাচ্ছি যে, শান্তির সাথে আপনি এতটাই অপরিচিত হয়ে পড়েছেন যে, যখন তা আসে, তখন আপনার একে দুঃখ বলে ভুল করেন। আপনি শান্তি ভুলে গিয়েছেন। শান্তির গুণাবলীও আপনার মনে নেই। শান্তির সবচেয়ে কাছের অভিজ্ঞতা হল

দুঃখ! তাই, যখন শান্তি প্রথমবারের মতো নেমে আসে, তখন আপনি অলসতা এবং হতাশা অনুভব করেন। কোনও উত্তেজনা নেই, কোনও উদাসীনতা নেই, এবং হতাশাগ্রস্ত হয়ে পড়ছেন।

সুখের নামে, আপনারা উত্তেজনা জেনেছেন, আর শান্তির নামে দুঃখ। আপনাদের জীবন সম্পূর্ণ মিথ্যা; আপনারা জাল মুদ্রার উপর বাস করছেন। তাই, আমি বুঝতে পারছি আপনাদের ব্যাখ্যা বিভ্রান্তিকর, কিন্তু আপনারা কী করতে পারেন? আপনি কেবল আপনাদের অতীত অভিজ্ঞতার মাধ্যমেই একটি নতুন অভিজ্ঞতা চিনতে পারেন। কেবলমাত্র জ্ঞানের মাধ্যমেই আপনারা অজানার লক্ষণ চিনতে পারবেন।

আপনি জানেন দুঃখ কী, তাই যখনই আপনি শান্ত হন, দুঃখ আপনাকে গ্রাস করে। এটা দুঃখ নয়; একটা নতুন ঘটনা উদ্‌ভূত হচ্ছে। আপনার ভেতরে শান্তি ঘনীভূত হচ্ছে। আর যদি আপনি এই শিল্প বুঝতে পারেন, তাহলে আপনি প্রতিটি দুঃখকে শান্তিতে রূপান্তর করতে পারবেন। আর যদি না পারেন, তাহলে আপনি প্রতিটি শান্তিকে দুঃখ হিসেবে বিবেচনা করবেন এবং তা থেকে মুক্তি পাওয়ার উপায় খুঁজে পাবেন।

ধ্যান আপনাকে যা দেয়, তা নিয়ে চিন্তা করবেন না। আমরা কখন নাচবো তা নিয়ে বাজি ধরবেন না। ধ্যান আপনাকে যা দেয়, সেটিকে ঈশ্বরের আশীর্বাদ হিসেবে বিবেচনা করুন। নাচুন।

গতকাল সন্ধ্যায়, আমি বলছিলাম যে, একজন সুফি রহস্যবাদী ক্রমাগত বলতেন, "ধন্যবাদ, ঈশ্বর। আমি খুব ভাগ্যবান যে তুমি আমার যা প্রয়োজন তা এটি শীঘ্র পূরণ করো।"

তার শিষ্যরা ধীরে ধীরে এই কথা শুনে বিরক্ত হতে শুরু করে, বারবার এই কথা শুনতো, অথচ তারা বুঝতে পারছিল না, এতে কোন প্রয়োজন পূরণ হচ্ছে। রহস্যবাদী দরিদ্র ছিলেন। তার শিষ্যরা ক্ষুধার্ত অবস্থায় মারা যাচ্ছিল। আর কোনও উপায় ছিল না, এবং এই মুসলিম ফকির প্রতিদিন সকাল-সন্ধ্যায় পাঁচবার নামাজ পড়তেন, পাঁচবার ঈশ্বরকে ধন্যবাদ জানাতেন, এবং সেই কারণেই বিস্ময়ের সাথে তার শিষ্যরা ভাবছিল যে কী হচ্ছে!

একদিন, সেই দল অনেক দূরে এগিয়ে যায়। তারা যাত্রা করছিল, তীর্থযাত্রা করছিল। তারা তিন দিন ধরে ক্ষুধার্ত ও তৃষ্ণার্ত ছিল। এক

সন্ধ্যায় তারা ক্লান্ত হয়ে একটি গ্রামে গিয়ে পৌঁছায়। গ্রামবাসীরা তাদের থাকার ব্যবস্থা করতে অস্বীকার করে। তাই তারা গাছের নীচে ক্ষুধার্ত ও ক্লান্ত অবস্থায় শুয়ে পড়তে বাধ্য হয়। এবং শেষ প্রার্থনার সময় আসে। কেউ উঠে দাঁড়ায় না। কী প্রার্থনা করবে? কার কাছে প্রার্থনা করবে? যথেষ্ট প্রার্থনা করা হয়েছিল। এটি প্রার্থনার মুহূর্ত ছিল না। কিন্তু গুরু উঠে দাঁড়িয়ে হাত জোড় করলেন। কৃতজ্ঞতার একই অনুভূতি: "ধন্যবাদ, ঈশ্বর, যখনই আমার যা প্রয়োজন তা পূরণ করার জন্য।"

একজন শিষ্য এটা আর সহ্য করতে পারছিলেন না। সে বলে, "এই বাজে কথা বন্ধ করুন। আমরা এটা অনেক শুনেছি, কিন্তু আজ এটা সম্পূর্ণ অযৌক্তিক। আমরা তিন দিন ধরে ক্ষুধার্ত ও তৃষ্ণার্ত, মাথার উপর ছাদ ছাড়াই, ঠান্ডা মরুভূমির রাতে বাইরে পড়ে আছি। আপনি কিসের জন্য ধন্যবাদ জানাচ্ছেন?"

ফকির বললেন, "আজ আমার প্রয়োজন ছিল অভাবের। আজ ক্ষুধা ছিল আমার প্রয়োজন, এবং তিনি তা পূরণ করেছেন। আজ শহরের বাইরে শুয়ে থাকা আমার প্রয়োজন ছিল। আজ গ্রাম আমাকে গ্রহণ করছে না তা আমার প্রয়োজন ছিল। আর যদি আমি এই মুহূর্তে তাঁকে ধন্যবাদ জানাতে ব্যর্থ হই, তাহলে আমার সমস্ত ধন্যবাদ অর্থহীন হয়ে যাবে। কারণ যখন তিনি তোমাকে এমন কিছু দেন যা তুমি মন থেকে মেনে নিতে পারছো না, তখন কি ধন্যবাদের কোনও অর্থ হয়? যখন তিনি তোমাকে এমন কিছু দেন যা তোমার দরকার নেই, তা কি তুমি গ্রহণ করবে? নইলে তিনি কেন দেবেন? আজ, আমার জীবনের প্রচেষ্টায়, আমার আধ্যাত্মিক সাধনায়, আমার যাত্রায়, আমার ক্ষুধার্ত থাকা, গ্রাম আমাকে প্রত্যাখ্যান করা, মরুভূমিতে খোলা, ঠান্ডা রাতে শুয়ে থাকা, এটা আমার আজ প্রয়োজন ছিল। আর যদি তিনি এই প্রয়োজন পূরণ করে থাকেন এবং আমি তাঁকে ধন্যবাদ না জানাই, তাহলে এটা ঠিক হবে না।

কেবলমাত্র এমন ব্যক্তিই ঈশ্বরকে পেতে পারেন। তাই, যদি আপনি দুঃখী হন, তাহলে বুঝতে হবে যে এটি আপনার প্রয়োজন ছিল। আজ, ঈশ্বর চেয়েছিলেন আপনি দুঃখে নাচুন। কিন্তু নৃত্য থামেনি, ধন্যবাদ থামেনি, মহোৎসব অব্যাহত ছিল।"

সক্রিয় ধ্যান সম্পর্কিত প্রশ্ন এবং ওশোর উত্তর

আপনি নিষ্ক্রিয়তার কথা বলেন, কিন্তু আপনার ধ্যান সক্রিয়। কেন?

এর পেছনে একটা কারণ আছে, একটা যুক্তি আছে। আপনার কাছে এটা পাগলামি মনে হলেও, এই পাগলামির পেছনে একটা পদ্ধতি আছে, আর সেই পদ্ধতি হল যতক্ষণ না আপনি সম্পূর্ণ সক্রিয় হন, ততক্ষণ আপনি চূড়ান্ত নিষ্ক্রিয়তা অর্জন করতে পারবেন না।

যদি আপনি সারাদিন কঠোর পরিশ্রম করতে থাকেন, সন্ধ্যায় যখন আপনি বাড়ি ফিরে আসবেন, তখন প্রথমেই ঘুম এসে যাবে, আপনি ঘুমের জগতে পা দেবেন, আপনি তখন ঘুমিয়ে পড়ার জন্য প্রস্তুত। দরিদ্র মানুষ, এমনকি ভিক্ষুকরাও অনিদ্রায় ভোগে না। এটা কেবল ধনীদের রোগ। অনিদ্রা একটি বিরাট বিলাসিতা যা সকলের পক্ষে সম্ভব নয়। যারা সারাদিন বিশ্রাম নেয় তারাই ঘুমাতে পারে না। যারা দিনে কোনও কাজ করে না। তাদের যুক্তি বোকামি, কিন্তু এটাই যুক্তিসঙ্গত। তারা মনে করে যে যদি তারা সারাদিন ঘুমের জন্য নিজেদেরকে প্রশিক্ষণ দিয়ে থাকে, তাহলে ঘুম সহজেই আসা উচিত। তারা সারাদিন বিশ্রাম নেয়, আরাম করে, রাতের জন্য তীব্রভাবে প্রস্তুতি নেয়, কিন্তু রাতে তারা দেখতে পায় যে, ঘুম আসছে না। ঘুম অসম্ভব বলে মনে হচ্ছে। যদি আপনি সারাদিন বিশ্রাম করে থাকেন, তাহলে রাতে ঘুম আসবে কিভাবে? জীবন দুটি মেরুর মাঝখানে প্রবাহিত হয়। তাই আমি বলি, যদি আপনি একা থাকতে চান, তাহলে প্রেম করুন। যদি আপনি সম্পূর্ণ, সম্পূর্ণ একা থাকতে চান, তাহলে অন্য মেরুর সাথে মিশে যান। যদি আপনি নিষ্ক্রিয় থাকতে চান, তাহলে সক্রিয় হয়ে উঠুন। বিপরীত মেরুর ভয় পাবেন না। জীবন বিভিন্ন মেরুকরণের মধ্যে দিয়ে প্রবাহিত হয়। এই কারণেই জীবন জীবন এবং মৃত্যু দুইই - মৃত্যুই এর অপর প্রান্ত।

চূড়ান্ত নিষ্ক্রিয়তা অর্জন করুন। নিষ্ক্রিয় হতে শিখুন। সবসময় কর্তা হওয়ার চেষ্টা করবেন না; মাঝে মাঝে, জিনিসগুলি আপনা থেকে ঘটতে দিন। সত্য হল যে মহান জিনিসগুলি ঘটে, এগুলি সৃষ্টি হয় না। ভালোবাসা ঘটে; কেউ ভালোবাসা 'বানাতে' পারে না। যদি কেউ আপনাকে, এমনকি অ্যাডলফ হিটলারকেও, সত্যিকার অর্থে প্রেমে না পড়ে প্রেম করতে বলে, আপনি কী তা করবেন? তা অসম্ভব। আমার অভিজ্ঞতায়, যারা সত্যিকার অর্থে প্রেমে না পড়ে প্রেম করতে শুরু করে তারা বাইরে থেকে তা পর্যবেক্ষণ করে; এক ধরণের সাক্ষ্যদান ঘটতে শুরু করে। বিশেষ করে পতিতারা সাক্ষী হয়ে ওঠে কারণ তারা সেই ব্যক্তিকে ভালোবাসে না, তাই তারা সম্পর্কে জড়িয়ে পড়ে না। কেবল তাদের শরীর খেলা করে, ভালোবাসার একটি খালি প্রদর্শন, এবং তারা সর্বদা বাইরে থাকে। একটা নাটক চলে, কিন্তু তারা বাইরে থাকে। তারা সহজেই দর্শক হয়ে উঠতে পারে। প্রেমিকরা কখনই পতিতাদের সাথে প্রতিযোগিতা করতে পারে না কারণ তারা জড়িত হয়, তারা নিজেদের ভুলে যায়। উভয় মেরুকরণের মধ্যে চলতে ভুলবেন না। এবং যদি আপনি সত্যিই সচেতন হতে চান, আমি আপনাকে পরামর্শ দিচ্ছি যে আপনি মাঝে মাঝে নিজেকে সম্পূর্ণরূপে ভুলে যান। এতটাই সম্পূর্ণরূপে মগ্ন থাকুন যাতে মনে হয় যেন আপনি সেখানে নেই, এবং যখন আপনি হঠাৎ ফিরে আসেন, তখন আপনি সম্পূর্ণরূপে উপস্থিত। ভুলে যাওয়ার সময়, স্মরণ করার সময়, বেঁচে থাকার সময়, মরার সময়, জাগ্রত হওয়ার সময়, ঘুমোতে যাওয়ার সময়, ভালোবাসার সময়, ধ্যান করার সময়, দুটি চরম পর্যায়ে চিন্তা করুন, বিপরীত দিকগুলি ব্যবহার করুন, গাড়ির দুটি চাকা অথবা পাখির দুটি ডানার মতো হয়ে উঠুন। শুধু একটি চরম পর্যায়ে থাকবেন না, নইলে আপনি অসাড় হয়ে পড়বেন।

চূড়ান্ত নিষ্ক্রিয়তা অর্জন করুন এবং সর্বদা মনে রাখবেন যে যা কিছু সুন্দর তা আপনা থেকেই ঘটে। ভালোবাসা নিজেই ঘটে; আপনি তা করতে পারবেন না; ধ্যানও ঘটে; আপনি তা ঘটাতে পারবেন না; শিথিলতা ঘটে; আপনি তা করতে পারবেন না। সত্য হল জীবন আপনার সাথে চলে; আপনি এর জন্য কিছুই করেননি। এবং মৃত্যুও ঘটবে; আপনি এর জন্য কিছুই করতে পারবেন না। যা কিছু সুন্দর, গভীর, তা ঘটেও গভীরতার সাথে। মানুষ কেবল বাজে কথা বলতে

পারে। আপনি শ্বাসও নিতে পারেন না। তাও নিজে থেকেই ঘটে। ঘটনার জগতের সাথে তাল মিলিয়ে চলুন। যদি আপনি আমাকে জিজ্ঞাসা করেন, তাহলে আমি বলব, ভৌত জগৎ কর্মের জগৎ, এবং আধ্যাত্মিক জগৎ ঘটনার জগৎ। কাজ করুন, কিন্তু তারপর আপনি কেবল জিনিস খুঁজে পাবেন। শুধু থাকুন এবং ঘটনা ঘটতে দিন, তাতে করে আপনি অস্তিত্বের কেন্দ্র খুঁজে পাবেন। ঈশ্বরকে প্রচেষ্টার মাধ্যমে খুঁজে পাওয়া যায় না; ঈশ্বরকেও আপনা থেকেই পাওয়া যায়। আপনাকে এটা ঘটতে দিতে হবে - আপনি এর সাথে আক্রমণাত্মক হতে পারবে না, আপনি এর উপর সহিংসতা বজায় রাখতে পারবে না - সমস্ত কর্মই সহিংসতা; আপনি কেবল তা ঘটতে দিতে পারেন।

- ওশো

তাও দ্য থ্রি টেজর্স

সক্রিয় ধ্যানের প্রথম পর্যায়ে, আপনার কি গভীরভাবে শ্বাস নেওয়া উচিত নাকি দ্রুত?

তীব্রতার বিবেচনা করুন। যদি স্বাভাবিকভাবেই গভীর শ্বাস গ্রহণ করতে পারেন, তবে তা আলাদা বিষয়। গভীরভাবে শ্বাস নেওয়ার কথা চিন্তা করবেন না। কেবল তীব্রতা, দ্রুততার বিবেচনা করুন - যতটা সম্ভব গভীর। যতটা সম্ভব দ্রুত। গতি এমন হওয়া উচিত যাতে এটি আঘাত করতে পারে। ভিতরের সুপ্ত শক্তি জাগ্রত করা যেতে পারে। হাতুড়ির মতো, কুণ্ডলিনীকে আঘাত করা যেতে পারে, তাই তীব্রতার বিষয়ে সচেতন থাকুন।

আপনার কি কেবল নাক দিয়ে শ্বাস নেওয়া উচিত নাকি মুখ দিয়েও শ্বাস নেওয়া উচিত?

নাক দিয়ে যতটা সম্ভব শ্বাস নিন এবং নাক দিয়ে শ্বাস ছাড়ুন। যদি কারও অসুবিধা হয়, তাহলে নাক দিয়ে শ্বাস নিন এবং মুখ দিয়ে শ্বাস ছাড়ুন। যদি আপনার ঠান্ডা লাগে বা জ্বর হয় এবং নাক দিয়ে শ্বাস নেওয়া অসম্ভব হয়, তাহলে আপনি মুখ দিয়ে শ্বাস নিতে এবং শ্বাস ছাড়তে পারেন।

ধ্যান করার সময়, আপনার মনের কোনও কোণে কেউ বলে, "তুমি কী করছো? তুমি কী করছো?"

কেউ না কেউ নিশ্চয়ই বলবে, "ওই তুমি।" কেউ না, তা আপনিই। আপনার মন কখনও ধ্যান করেনি। আপনি কখনও ধ্যান করেননি।

আপনার সম্পূর্ণ অতীত, আপনার সম্পূর্ণ স্মৃতি, ধ্যান শূন্য এবং রিক্ত। সেই একই মন বলছে, "তুমি কী করছো? তুমি এমন কিছু করছো যা তার বোধগম্যতার বাইরে।" এটা বুঝতে পারছে না। এটা বুঝতে পারে না, কারণ মন অপরিচিত। যদি এটি পরিচিত হয়ে ওঠে, তবে তা "তুমি কী করছো" বলবে না। যদি এটি আনন্দের আভাস পায়, তবে এটি কখনই বলবে না যে এটি কী করছে।

মনের নিয়ম হল যে এটি যা জানে তাতে সন্তুষ্ট থাকে এবং যা জানে না তা থেকে দূরে সরে যায়। অপরিচিতকে শত্রু মনে হয়। এবং এটি মনের নিয়ম যে এটি কেবল আনন্দের দিকে প্রবাহিত হয়, এমনকি যদি এটি মিথ্যা হয়। যেখানেই আনন্দ দৃশ্যমান হয়, এটি সেদিকেই যায়। এটি পাওয়া যাক, বা না পাওয়া, তা একেবারেই ভিন্ন বিষয়। কিন্তু আনন্দের আভাস থাকলেও, মন তার কাছে যায়। আমরা কখনও ধ্যানের আনন্দ কী তা জানি না। এটা একটা অপরিচিত জগৎ, একটা অজানা ভূখণ্ড; আমরা কখনোই সেই জগতে প্রবেশ করিনি। মন জিজ্ঞেস করে, "তুমি কী করছো? কী করছো?" তাকে জিজ্ঞাসা করতে দিন; তা খুবই স্বাভাবিক। এর সাথে লড়াই করবেন না, দমন করবেন না; এটিকে জিজ্ঞাসা করতে দিন, আর আপনি ধ্যান করতে থাকুন।

ধ্যানের মাধ্যমে আনন্দ এবং খুশির আভাস অনুভব করার সাথে সাথেই আপনার মন স্বয়ংক্রিয়ভাবে বলবে, "তুমি এটা ঠিক করছো, তুমি এটা ঠিক করছো।" মন আপনাকে দিনে পঞ্চাশ বার বলবে, "ধ্যান করো, আবার করো, এবং আবার করো।" মন কখনো থামে না। যদি সামান্য আনন্দও অনুভব করে, তাহলেও সেদিকেই প্রবাহিত হতে শুরু করে। ঠিক যেমন জল নিচের দিকে প্রবাহিত হয়, মনও আনন্দের দিকে প্রবাহিত হয়। এমনকি যখন এটি মিথ্যা আনন্দের দিকে প্রবাহিত হয়, তখনও ভাবার কোনও কারণ নেই যে এটি প্রকৃত আনন্দের দিকে প্রবাহিত হচ্ছে না।

কিন্তু আনন্দের অভিজ্ঞতা ঘটতে দিন। যদি আপনি মনের অনুসরণ করা বন্ধ করে জিজ্ঞাসা করেন, "তুমি কী করছো?" তাহলে আপনি থামবেন। মনকে কথা বলতে দিন। এটি তার কাছে নতুন। এটিকে কথা বলতে দিন, এটিকে কথা বলতে দিন। আপনি যখন ধ্যানে ডুবে যান, যখনই আনন্দের একটি ছোট রশ্মি বেরিয়ে আসে এবং

আপনার মন একমত হয়ে প্রবাহিত হতে শুরু করে, তখনই এটিকে থামানোর চেষ্টা করারও প্রয়োজন নেই।

-ওশো

ধ্যান দর্শন, সংখ্যা ২

তিনটি পর্যায়েই কি গভীর শ্বাস-প্রশ্বাস চালিয়ে যাওয়া সম্ভব?

এটা সম্পূর্ণ আপনার ব্যাপার। প্রথম পর্যায়ে এটা চালিয়ে যাওয়া আবশ্যক। প্রথম পর্যায়ে দশ মিনিটের জন্যও এটা ছেড়ে দেওয়া উচিত নয়। এরপর, এটা আপনার ব্যাপার। যদি আপনি সুবিধাজনক মনে করেন, তাহলে বাকি দুটি পর্যায়ে অথবা একটি পর্যায়ে চালিয়ে যেতে পারেন। চতুর্থ পর্যায়ে চালিয়ে যাওয়ার কোনও আবশ্যকতা নেই। প্রথম পর্যায়ে চালিয়ে যাওয়া আবশ্যক, কিন্তু চতুর্থ পর্যায়ে নয়। বাকি দুটি পর্যায় ব্যক্তিগত সুবিধার হিসেবে। যদি আপনি মনে করেন যে, আপনি নেচে, লাফিয়ে এবং চিৎকার করে গভীর শ্বাস-প্রশ্বাস চালিয়ে যেতে পারেন, তাহলে তাই করুন। "আমি কে?" জিজ্ঞাসা করে আপনি এটা চালিয়ে যেতে পারেন, তাই করুন। কিন্তু দ্বিতীয় পর্যায়ে, লাফানো, নাচ, কান্নাকাটি করা এবং চিৎকার করার উপর জোর দেওয়া হবে; জোর দেওয়া হবে এর উপর; শ্বাস-প্রশ্বাস গৌণ হবে, প্রাথমিক নয়। তৃতীয় পর্যায়ে, "আমি কে?" সম্পর্কে জিজ্ঞাসা করা প্রাথমিক হবে, শ্বাস-প্রশ্বাস গৌণ হবে। আর যদি আপনি চালিয়ে যেতে না পারেন, তাহলে কোনও ক্ষতি নেই; প্রথম পর্যায়ই যথেষ্ট।

প্রশ্নটি দীর্ঘক্ষণ ধরে আপনার শ্বাস গভীরভাবে ধরে রাখার বিষয়ে নয়; এটি দশ মিনিটের জন্য তীব্রভাবে গভীরভাবে ধরে রাখার বিষয়ে, ব্যাপকভাবে নয়। আপনি যদি এটি ধীরে ধীরে ত্রিশ মিনিটের জন্য গভীরভাবে ধরে রাখেন, তবুও এটি কোনও ফলাফল দেবে না। এমনকি আপনি যদি এটি দশ মিনিটের জন্য পূর্ণ শক্তি দিয়ে ধরে রাখেন, তবেই এটি ফলাফল দেবে। অতএব, প্রশ্নটি তীব্রতা সম্পর্কে, প্রসারণ নয়, প্রস্থ নয়, বরং গভীরতা সম্পর্কে। গভীরতার উপর মনোযোগ দিন।

প্রশ্ন: যখন আমরা আপনার উপস্থিতিতে ধ্যান করি, অথবা টেপের মাধ্যমে ধ্যান করি, তখন আমরা দশ মিনিটের মধ্যে পর্যায় পরিবর্তন করতে পারি, কিন্তু যদি আমরা টেপ ছাড়া

নিজেরাই ধ্যান করি, তাহলে আমরা কীভাবে সময় বুঝতে পারব?

এটা কোনও ব্যাপার না। দশ মিনিট, আট মিনিট, অথবা বারো মিনিট, এটা কোনও ব্যাপার না। অনুমান চালিয়ে যান, এবং দশ বা পাঁচ দিনের মধ্যে, আপনি একটা সঠিক অনুমান করতে শিখে যাবেন। আমাদের সমস্যা হল আমরা মিথ্যা বিকল্প তৈরি করেছি। এই কারণেই আমাদের ভেতরের ঘড়ি কাজ করছে না। অন্যথায়, ভিতরে একটি জৈবিক ঘড়ি আছে, যা কাজ করে। কেন আপনি রাত এগারোটা বা রাত বারোটায় ঘুমিয়ে পড়েন? যদি আপনি ভোর ছয়টা বা চারটের সময় ঘুম থেকে ওঠেন, তাহলে কিভাবে আপনার ঘুম ভাঙে? যদি আপনি বারোটা বা একটায় খান, তাহলে ঠিক একটার সময় কেন আপনার খিদে লাগে? এর কারণ কী?

একটি জৈবিক সময় আছে, ভিতরে একটি জৈবিক প্রক্রিয়া চলছে। ঠিক যেমন ঋতু পরিবর্তন হয়। কোথাও কোনও ঘড়ি বা ক্যালেন্ডার নেই; সময় পরিবর্তিত হয়। সন্ধ্যা আসে, সকাল হয়, সূর্যোদয় ভোর বেলাতেই হয়ে যায়, এবং সন্ধ্যা আসে। একইভাবে, সবকিছুর মধ্যে একটি ছন্দ থাকে; সবকিছু স্বয়ংক্রিয়ভাবে সেই ছন্দের মধ্যে ফিট হয়ে যায়।

যদি আপনি দশ বা পাঁচ দিন ধ্যান করেন, আপনার ভেতরের ঘড়ি ঠিক সেই অনুসারেই সেট হয়ে যাবে। প্রক্রিয়াটি ঠিক দশ মিনিটের মধ্যে সম্পন্ন হবে। কিন্তু আমরা নিজেদের উপর বিশ্বাস হারিয়ে ফেলেছি। আমরা নিজেদের উপর আমাদের আত্মবিশ্বাস নষ্ট করে ফেলেছি। আমরা যন্ত্র তৈরি করেছি, এবং তার ফলে ধীরে ধীরে নিজেদের আত্মবিশ্বাস শেষ হয়ে যাচ্ছে। আত্মবিশ্বাস নেই বললেই চলে।

যদি আপনি রাতে ভোর পাঁচটায় ঘুম থেকে ওঠার সিদ্ধান্ত নেন, তাহলে আপনি ঠিক ভোর পাঁচটায় ঘুম থেকে উঠবেন। এখন, আপনি ঘুমের মধ্যে ঘড়ির দিকে তাকান না; যখন আপনি ঘুম থেকে ওঠেন, তখন ঠিক পাঁচটা বাজে। কখনও কখনও, আপনার ঘড়ি ভুল হতে পারে, কিন্তু যদি আপনি মনে মনে পাঁচটার সময় ঘুম থেকে ওঠার সিদ্ধান্ত নেন, দেখবেন ঠিক পাঁচটাতেই আপনার ঘুম ভাঙছে।

যদি আপনি নিজের ধ্যান অনুশীলন একটু বাড়িয়ে দেন, তাহলে আপনার জৈবিক সময়ের বোধ বিকশিত হতে শুরু করবে। এটি অসংগঠিত হয়ে পড়েছে কারণ আমরা এটি ব্যবহার করছি না। সবকিছুর জন্য একটি সময় আছে; এটি ভেতর থেকে ধরা পড়ে। এটি নিয়ে খুব বেশি চিন্তা করবেন না। দশ, বারো মিনিট হোক বা আট মিনিট, আপনি কোনও ভুল করবেন না; এতে কোনও ক্ষতি হবে না।

- ওশো

ধ্যান দর্শন ৯

যদি সক্রিয় ধ্যান অনুশীলন করতে করতে শরীর ক্লান্ত হয়ে পড়ে, তাহলে কি ধ্যান চালিয়ে যাওয়া উচিত, নাকি বন্ধ করা উচিত?

আপনাদের মধ্যে অনেকেই শরীরের বিভিন্ন অংশে ক্লান্তি বোধ করতে পারেন। এটা স্বাভাবিক। যখন আপনাদের শরীরের কোনও অংশ এত বেশি নড়াচড়া করে, এত বেশি ব্যায়াম করে, তখন ক্লান্তি আসবেই। কিন্তু এই ক্লান্তি কেবল দুই, চার, অথবা ছয় দিনের জন্য অনুভব করবেন। ঠিক যেমন আপনি যেকোনও নতুন ব্যায়াম করার সময় ক্লান্তি বোধ করেন। দুই বা চার দিনের মধ্যে এটা ঠিক হয়ে যাবে, এবং যখন তা হবে, তখন আপনি প্রথমবারের মতো বুঝতে পারবেন যে আপনার শরীরের যে অংশটি এই সময়ে নড়াচড়া করেছে, তখন তা অসুস্থ ছিল। কিন্তু যতক্ষণ না সেই অংশটি সুস্থ হয়, ততক্ষণ আপনি তা বুঝতেও পারবেন না। উদাহরণস্বরূপ, যদি কোনও ব্যক্তির শৈশব থেকে দিনে চব্বিশ ঘণ্টা মাথাব্যথা থাকে, তাহলে তার মনে হবে যে এটি তার মাথা। ব্যথা চলে গেলেই কেবল সে বুঝতে পারবে যে, তার মাথায় একটা ব্যথা ছিল।

আপনার শরীরের যে কোনও অংশ খুব বেশি নড়াচড়া করছে তা প্রমাণ করে যে সেই অংশটি কোনও উত্তেজনায় ভুগছে। কোনও কারণ ছাড়া তা করছে না। সেই উত্তেজনা সেই অংশ থেকে নিজেকে মুক্ত করার চেষ্টা করছে। সেই প্রচেষ্টায়, সেই অংশটি ক্লান্ত হয়ে পড়বে। ওকে ক্লান্ত হতে দিন, চিন্তা করবেন না। ও কয়েকদিনের মধ্যেই ঠিক হয়ে যাবে। ক্লান্তি চলে যাবে, আর অঙ্গটি সেরে উঠবে।

আমরা আমাদের মনে যে আবেগই দমন করি না কেন, আমাদের শরীরের সমান্তরাল অংশ থাকে যা সরাসরি সেই গুলির সাথে সংযুক্ত থাকে। আমাদের দেহ এবং মনের সবকিছুই সমান্তরাল। মনে যা কিছু ঘটে, তা শরীরেই ঘটে। শরীরে যা কিছু ঘটে, তা মনের সাথে অনুরণিত হয়। অতএব, মনের প্রতিটি আবেগের সাথে শরীরে একটি অংশ সংযুক্ত থাকে এবং সেই অংশের কম্পন, এর নড়াচড়া হল মনের কিছু আবেগের শুদ্ধিকরণ ঘটে। এটি বন্ধ করবেন না। দুই, চার, আট দিনের মধ্যে, এর ক্লান্তি নিজে থেকেই চলে যাবে। এবং যখন ক্লান্তি চলে যাবে, তখন আপনি প্রথমবারের মতো বুঝতে পারবেন যে আপনার শরীরের যে অংশটি সর্বদা অসুস্থ ছিল তা সুস্থ হয়ে উঠেছে। আপনার পুরো শরীর ক্লান্ত হয়ে পড়লেও ভয় পাবেন না। এটি দুই, চার, আট দিনের মধ্যে সেরে উঠতে পারে এবং যখন এটি ঘটে, তখন আপনি নিজের শরীর এবং স্বাস্থ্যকে একটি নতুন অর্থে আবিষ্কার করতে পারবেন।

-ওশো

ধ্যান দর্শন ৯

আমি ছয় মাস ধরে গতিশীল ধ্যান অনুশীলন করছি, কিন্তু ক্যাথারসিস এখনও চলছে, শুদ্ধিকরণ এখনও চলছে। কান্না, চিৎকার, লাফালাফি এবং হাসি চলছে। এটা কতদিন চলবে?

ভয় পাবেন না। কারণ আমাদের মনের অশান্তি এক জীবনকাল থেকে নয়, অনেক জীবনকাল থেকে। কিন্তু তীব্রতা বাড়লে এগুলি থেকে দ্রুত মুক্তি পাওয়া যায়। আমরা তীব্রতা বাড়তে দিই না। তাই, তারা ধীরে ধীরে মুক্তি পায়, যার জন্য অনেক সময় লাগে।

আপনি যদি পূর্ণ সহযোগিতা করেন, তাহলে এগুলি থেকে একদিনেই মুক্তি পাওয়া যেতে পারে। যদি আপনার পূর্ণ অংশগ্রহণ থাকে, তাহলে এগুলি থেকে একদিনেই মুক্তি পাওয়া যায়। কিন্তু তা ঘটে না, তাই তার থেকে ধীরে ধীরে মুক্তি লাভ করা সম্ভব হয়। ভেতরে অশান্তির বিশাল ভাণ্ডার আছে। এখন, যদি আপনি প্রতিটি ফোঁটা নির্গত করতে চান, তাহলে অনেক সময় লাগবে। যদি আপনি দেওয়াল ভেঙে ফেলেন, তাহলে আজই মুক্তি পাওয়া সম্ভব, এক মুহূর্তের মধ্যেই মুক্তি পাওয়া যায়। এতে অনেক সময় লাগবে। যত ধীরে ধীরে আপনি

সহযোগিতা করবেন, তত দ্রুত সাহায্য করা সম্ভব হবে। ভয় পাবেন না; মুক্তি পাওয়া যাক।

- ওশো

ধ্যান দর্শন ৩

যদি ঘরে সক্রিয় ধ্যান অনুশীলন করা হয়, তাহলে আশেপাশের লোকেরা পাগল ভাবতে শুরু করবে। এমন পরিস্থিতিতে কী করা উচিত?

আপনার আশেপাশের লোকেরা এখনও একে অপরকে পাগল মনে করে। এটা আলাদা বিষয় যে তারা হয়তো এটা মুখে প্রকাশ করে না। এই পুরো পৃথিবীটা প্রায় একটা পাগলাগারদ। মানুষ নিজেদের ছাড়া সবাইকে পাগল মনে করে। কিন্তু যদি আপনি সাহস করতে পারেন এবং এই পরীক্ষাটি চেষ্টা করে দেখেন, তাহলে আপনার পাগল হওয়ার সম্ভাবনা দিনে দিনে কমে যাবে। তবে যারা ভেতরে পাগলামি জমা করে তারাই পাগল হতে পারে। যারা তা ছেড়ে দেয় তারা কখনও পাগল হতে পারে না।

তারপর আপনি এক বা দুই দিন, চার দিন কৌতূহল দেখাবেন। চার দিন পর, কেউ সেই কৌতূহল মেনে নিতে রাজি হবে না। কেউ অন্য ব্যক্তির সম্পর্কে এত কৌতূহলী নয় যে তারা দীর্ঘ সময় ধরে এত কৌতূহলী থাকবে, এবং সারা দিন আপনার আচরণে তার জন্য পরিবর্তন আসবে। আপনি যখন রেগে যান, তখন কি কখনও ভেবে দেখেছেন যে মানুষ আপনাকে পাগল ভাবছে কি না? কারণ আপনি পাগলই। কিন্তু যদি আপনি এই ধ্যান অনুশীলন চালিয়ে যান, তাহলে চব্বিশ ঘণ্টার মধ্যে আপনার জীবন বদলে যাবে। আপনার আচরণ বদলে যাবে; আপনি আরও শান্ত, আরও নীরব, আরও প্রেমময়, আরও করুণাময় হয়ে উঠবেন। অন্য মানুষদের চোখেও তা পড়বে।

তাই আতঙ্কিত হবেন না। চার দিন ধরে তাদের ভাবতে দিন যে আপনি পাগল। চার দিন, আট দিন, অথবা পনের দিন পর, সেই একই লোকেরা আপনাকে জিজ্ঞাসা করবে, "আপনি যে পার্থক্য অনুভব করছেন তা কি আমরাও অনুভব করতে পারি?"

আপনি যদি জনমত - মানুষ কী বলবে - এই নিয়ে চিন্তিত হন, তাহলে আপনি খুব বেশি গভীরভাবে অনুসন্ধান করতে পারবেন না।

সাহসী হোন। এবং লোকেরা আপনাকে পাগল বা বুদ্ধিমান যাই মনে করুক না কেন, তাতে কতটা পার্থক্য ঘটবে? আসল প্রশ্ন হল আপনি পাগল কিনা। আসল প্রশ্ন হল লোকেরা কী ভাবে তা নয়। নিজের দিকে, নিজের অবস্থার দিকে মনোযোগ দিন - আপনি পাগল কিনা তা বোঝার চেষ্টা করুন। সেই অবস্থা লুকিয়ে রাখলে কোনও লাভ হবে না। সেই অবস্থা নির্মূল করা দরকার।

-ওশো

ধ্যান দর্শন নং ৭

ধ্যানে, শরীর সম্পূর্ণরূপে অদৃশ্য হয়ে যায়, এবং যা অবশিষ্ট থাকে তা সমস্ত সীমা ছাড়িয়ে বিশাল বলে মনে হয়। কিন্তু ধ্যানের পরে, বাকি দিনের জন্য, শরীরের সচেতনতা আবির্ভূত হতে শুরু করে, এবং তারপরে একটি বিশুদ্ধ শরীরের অভিজ্ঞতা শুরু হয়। তাহলে, এই সব কি অহংকারের খেলা?

এই ক্ষেত্রে তিনটি বিষয় মনে রাখা উচিত। প্রথমত, ধ্যানের গভীরতা বৃদ্ধির সাথে সাথে শরীর অদৃশ্য হয়ে যাবে, অথবা কখনও কখনও এটি খুব বিশাল হয়ে যাবে। কখনও কখনও এটি খুব ক্ষুদ্রও হয়ে যেতে পারে, যা আসলে তার চেয়ে ছোট বলে মনে হবে। শরীরের উপলব্ধি মনের উপর নির্ভর করে। যদি মন খুব বেশি প্রসারিত হয়, তাহলে শরীর প্রসারিত দেখাবে। যদি মন খুব বেশি সঙ্কুচিত হয়, তাহলে এটি ছোট দেখাবে। শরীরের সীমাবদ্ধতা আসলে মনের সীমাবদ্ধতা দ্বারা অনুভূত হয়। এটি প্রমাণিত অভিজ্ঞতা এবং এটি অহংকারের খেলা নয়, বরং ধ্যানের ফলাফল।

কিন্তু ধ্যানের পরে, এটা স্বাভাবিক যে শরীর আবার আগের মতো দেখাবে। এই বিষয়ে চিন্তা করার দরকার নেই। যে বন্ধুরা এটি অনুভব করছেন তাদের উচিত যখনই সুবিধাজনক মনে হবে, এমনকি এক বা দুই মুহূর্ত, তাদের চোখ বন্ধ করা এবং শরীরের বিশালতা অনুভব করার কাজ চালিয়ে যাওয়া। দিনে দুই বা চারবার এটি অনুভব করুন। ঘুমানোর সময় আবার এটি অনুভব করুন। আবার সকালে ঘুম থেকে ওঠার সময় কয়েক মুহূর্তের জন্য। যে কেউ এটি অনুভব করছেন তারা চোখ বন্ধ করার সাথে সাথে এটি আবার অনুভব করতে সক্ষম হবেন।

এর ফলে আপনি ধীরে ধীরে বুঝতে পারবেন যে শরীর হল কেবল মনের খেলা। এর সঙ্কুচিত হওয়া, বেড়ে ওঠা, তরুণ হওয়া, বৃদ্ধ হওয়া,

জন্ম নেওয়া, মৃত্যু - এই সবই মনের খেলা। আর যখন শরীর আপনার সামনে এত রূপ পরিবর্তন করতে পারে, তখন শরীরের সাথে আপনার যে পরিচয় আছে তা ভেঙে যাবে। তখন আপনি আর নিজেকে শরীর হিসেবে চিনতে পারবেন না। আপনি আর নিজেকে সেই শরীরের সাথে এক করে দেখতে পারবেন না যা স্বপ্নের মতো সঙ্কুচিত হয় এবং বৃদ্ধি পায়, অদৃশ্য হয়ে যায় এবং তৈরি হয়। বরং, শরীরের স্থির রূপ, আমরা যে নির্দিষ্ট রূপ তৈরি করেছি, তা ধীরে ধীরে টলমল করবে এবং আপনার স্থিরতা, শরীরের স্থিরতা, শরীরের কঠিন রূপ, গলে যাবে এবং ধীরে ধীরে আপনি নিজেকে অশরীরী হিসেবে অনুভব করতে শুরু করবেন। দেহহীনতা অনুভব করার আগে শরীরের বিভিন্ন রূপ অনুভব করা খুবই সহজ।

এই মুহূর্তে, আপনি শরীরের কেবল একটি রূপ জানেন - আপনার ভৌত দেহের রূপরেখা। আপনি নিজেকে এর সাথে একীভূত করে ফেলেছেন। যদি আপনি দিনে দশ বা পাঁচবার অনুভব করেন যে আপনার দেহ সঙ্কুচিত হচ্ছে, বৃদ্ধি পাচ্ছে, বিশাল হচ্ছে, কখনও অস্তিত্ব লাভ করছে, কখনও অদৃশ্য হয়ে যাচ্ছে, তাহলে আপনি ধীরে ধীরে শরীরের এই স্রোতের, এই পরিবর্তনশীল স্রোতের, রূপের এই রূপান্তরের সাক্ষী হয়ে উঠবেন। তারপর আপনি অনুভব করবেন যে, আপনিই সেই ব্যক্তি যিনি শরীরকে সঙ্কুচিত হতে দেখছেন, শরীর বৃদ্ধি পাচ্ছে, যিনি এটিকে খেতে দেখছেন, যিনি এটিকে পরিণত হতে দেখছেন। আপনি দেহ নন, বরং আপনি দেহের পর্যবেক্ষক।

তাই, যে কেউ এটি অনুভব করছে তার উচিত দিনে দুই বা চারবার সেই অভিজ্ঞতাটি পুনর্বিবেচনা করা। এটি মনের প্রসারণ এবং সংকোচনের খেলা। এটি অহংকারের খেলা নয়। তবে এটি অহংকারের খেলায় পরিণত হতে পারে। যদি আপনি এই বিষয়ে গর্বিত হন যে আপনি মহৎ কিছু অর্জন করেছেন, আপনার শরীর ছোট বা বড় হতে শুরু করেছে, অথবা যদি আপনি এতে কোনও ধরণের অহংকারী আগ্রহ পোষণ করেন, তাহলে বুঝবেন আপনি এমন কিছু অর্জন করেছেন যা অন্যরা অর্জন করতে পারেনি, তাহলে অহংকারের খেলা শুরু হবে, এবং ধ্যানের প্রাথমিক অভিজ্ঞতার সাথে সাথেই অহংকার আপনাকে শক্তিশালী করতে পারে, এবং প্রায়শই ধ্যান সেখানেই থামে যেখানে অহংকার শুরু হয়। অতএব, এটিকে একটি বিশেষ ঘটনা বলে

মনে করবেন না, যে কোনও মহৎ ঘটনা ঘটছে। বুঝতে হবে যে এটি ধ্যানের একটি স্বাভাবিক ফলাফল। এর জন্য গর্বিত হওয়ার, অথবা নিজেকে অন্যদের থেকে শ্রেষ্ঠ বা আলাদা ভাবার কোনও কারণ নেই।

প্রথম দিন আমার একটা গভীর অভিজ্ঞতা হয়েছিল, আর দ্বিতীয় দিন থেকে আমি একটা রাস্তা খুঁজছি, কিন্তু আমি তা অনুভব করতে পারছি না।

তা ঘটবে না। কারণ প্রথম দিন যে অভিজ্ঞতা হয়েছিল তা অহংকারের অংশ হয়ে গিয়েছে। এটা ঠিক যে, একটা গভীর অভিজ্ঞতা হয়েছিল। এখন, দ্বিতীয় দিন থেকে, এই অহং অপেক্ষা করবে, জোর দিয়ে বলবে যে এটা অবশ্যই ঘটবে, কারণ এটা ইতিমধ্যেই ঘটেছে। যদি এখন না ঘটে, তাহলে হতাশা এবং দুঃখ মনকে গ্রাস করবে।

আর মনে রেখবেন, যেখানে অহং পছন্দ করে, যেখানে অহং শ্বাস নেয়, সেখানেই প্রক্রিয়াটি থেমে যায়। তাই যদি আপনার একটা গভীর অভিজ্ঞতা হয়ে থাকে, তাহলে তা ঘটতে দিন। তারপর, দয়া করে তা ভুলে যান। এটাকে আপনার স্মৃতির অংশ করে তোলার কোনও প্রয়োজন নেই। আর পরের দিন এর জন্য অপেক্ষা করার কোনও প্রয়োজন নেই। এটা আশা করার কোনও প্রয়োজন নেই। কারণ এটা প্রথম দিনই ঘটেছে কারণ আপনার অহং ধারণা করতে পারেনি যে এটা ঘটতে পারে, তাই তা চুপ করে ছিল। এখন, এটা পরের দিন ঘটবে না। কারণ অহং ভেতরে দাঁড়িয়ে জিজ্ঞাসা করছে, "এটা কখন ঘটবে?" এটা এখনই হওয়া উচিত। কারণ এটা আমার সাথে ঘটেছে, এটা এখনই হওয়া উচিত। এখন, আপনি আক্রমণাত্মক হয়ে উঠবেন। আপনি সেই অভিজ্ঞতার প্রতি আক্রমণাত্মক হয়ে উঠেছেন। আপনি আর নিষ্ক্রিয় নন। এখন আপনি অপেক্ষা করছেন না, আপনি প্রত্যাশা করছেন। প্রথম দিন আপনি কিছুই জানতেন না।

অতএব, প্রায়শই এমন হয় যখন আপনি কিছুই জানেন না, কিন্তু আপনি জানেন, আপনার সাথে কী ঘটবে, তখনই তা ঘটে। কারণ অহংকার পথে বাধা হয়ে দাঁড়ায়। যখন এটি ঘটে, তখন বাধা তৈরি হয় কারণ অহংকার মাথা তুলে দাঁড়ায়। এটি বলে, "ঠিক আছে, এখন এটি আমার সাথে ঘটতে হবে।" তারপর তা ঘটা বন্ধ হয়ে যায়।

এই অভ্যন্তরীণ যাত্রায়, "এটি অবশ্যই ঘটবে" এর মতো শব্দগুলি সম্পূর্ণরূপে ভুলে যান। এখানে কোনও শর্ত নেই। যা ঘটেছে তা যদি খুব শক্ত করে ধরে রাখেন, তবে এটি আর কখনও ঘটবে না। এবং প্রায়শই এমন হয় যে আধ্যাত্মিক অনুশীলনের প্রক্রিয়া চলাকালীন, যখনই প্রথমবারের মতো কোনও গভীর অভিজ্ঞতার উদ্ভব হয়, অনুশীলনকারী এটিকে এত শক্ত করে আঁকড়ে ধরে থাকে যে তারা সেই জীবনে আবার এটি অনুভব করতে অক্ষম হয়। তারপর তাদের পরবর্তী জন্ম পর্যন্ত অপেক্ষা করতে হয় যতক্ষণ না স্মৃতি সম্পূর্ণরূপে চাপা পড়ে এবং ভুলে যায়।

মনে রাখবেন যে কখনও কখনও, এমনকি অস্তিত্বহীনতাও আরও বিপজ্জনক প্রমাণিত হতে পারে যদি অহংকার মাথা তুলে দাঁড়ায়। এমনকি যদি এটি আপনার সাথে ঘটে, তবে ভাববেন না যে এটি আমার সাথেও ঘটেছে; এটিকে ঈশ্বরের করুণা বলে মনে করুন।

দুটোর মধ্যে পার্থক্য আছে। তাই, ধ্যানের পর, আমি আপনাকে ক্রমাগত ঈশ্বরের কৃপা গ্রহণ করতে বলি। কারণ যাতে আপনি মনে রাখতে পারেন যে এটা তাঁর প্রসাদ, আমার অর্জন নয়। আমি এটা পাইনি; তিনি আপনাকে এটা দিয়েছেন। যদি আমি এটা পাই, আমি আগামীকাল আবার চেষ্টা করব, এবং যদি তিনি এটা দেন, আমি অপেক্ষা করব। দেওয়াটাও ওনার মর্জি, না দেওয়াটাও।

আমি হৃদরোগে ভুগছি, তাই এই নাচ এবং লাফানো কী আমার স্বাস্থ্যের জন্য বিপজ্জনক হবে?

এটা বলা একটু কঠিন, কারণ এটা অনেক কারণের উপর নির্ভর করে। যদি আপনি নিজের শরীর ভুলে যান এবং শুধুমাত্র ঈশ্বরকে স্মরণ করেন, তাহলে তা কখনই ক্ষতিকারক হতে পারে না। কিন্তু যদি আপনি ঈশ্বরকে একেবারেই স্মরণ না করেন, এবং শুধুমাত্র আপনার হৃদয়ের দুর্বলতা মনে রাখেন, তাহলে তা খুবই ক্ষতিকারক হতে পারে। এটা নির্ভর করে আপনি কীভাবে ধ্যান করছেন তার উপর। যদি আপনি আপনার শরীর ভুলে যান, তাহলে কখনও কোনও ক্ষতি হতে পারে না। এবং ক্ষতি হলেও, সেটাও একটা উপকার।

প্রথমত, কোনও ক্ষতি হতে পারে না কারণ কোনও কারণ নেই। যে ব্যক্তি তার দেহকে সম্পূর্ণরূপে ঈশ্বরের কাছে সমর্পণ করেছে, তার

হৃদয়ের স্পন্দন ইত্যাদি ধরে রাখার দায়িত্ব আর তার নয়; এখন এটি ঈশ্বরের। এবং এমন বিশ্বাস করার কোনও কারণ নেই যে ঈশ্বরের অনায়াস উপস্থিতি এই বিশাল মহাবিশ্বকে টিকিয়ে রাখে, তার উপস্থিতি আপনার হৃদয়কে স্পন্দিত রাখবে না। এবং যদি, তাঁর স্মরণের এই মুহূর্তে, হৃদস্পন্দন বন্ধ হয়ে যায়, তাহলে আপনার কৃতজ্ঞ হওয়া উচিত। কারণ হৃদস্পন্দন একদিন বন্ধ হয়ে যাবে, কিন্তু আপনি জানেন না যে সেই সময়ে স্মরণের এই মুহূর্তটি উপস্থিত থাকবে কিনা।

প্রথমত, কোনও ক্ষতি হবে না, কিন্তু আমরা যাকে ক্ষতি বলি তা যদি ঈশ্বরের স্মরণে ঘটে, তাহলে এর চেয়ে শুভ মুহূর্ত আর কিছুই হতে পারে না; এটি সেই মুহূর্ত যখন বিদেহী আত্মা ফিরে আসে না।

কিন্তু যদি, আপনি নিজের হৃদপিণ্ড নিয়ে চিন্তিত থাকেন, যদি আপনার সর্বদা মনে হয় যে, নাচলে বা লাফালে আপনার শরীরের কোনও ক্ষতি হতে পারে, তাহলে অবশ্যই ক্ষতি হবে। তা নির্ভর করে আপনার উপর।

আর আপনার বোঝা উচিত। আর যদি আপনি নিজের হৃদপিণ্ডের চিন্তায় মগ্ন থাকেন, তাহলে তা না করাই ভালো। তাহলে তা করতে যাবেন না। কিন্তু একটা কথা মনে রাখবেন: হৃদস্পন্দন বন্ধ হয়ে যাবে। আপনি কতক্ষণ তা নিয়ন্ত্রণে রাখবেন? আর যদি তা করেন, তবুও আপনি কী অর্জন করবেন? এটা কেবল স্পন্দিত হয়। এর অর্জন কী? যদি শরীর আরও কয়েকদিন টিকে থাকে, তাহলেই বা অর্জন করতে পারবেন?

শরীরের উদ্দেশ্য হল অশরীরীকে জানা। যদি শরীর অশরীরীকে জানার পথে বাধা না হয়, তাহলে সেই শরীরকে ধরে রাখার কোনও কারণ নেই, কোনও অর্থ নেই। যদি আপনার এত সাহস থাকে, তাহলে আনন্দে নাচুন এবং লাফান। বেঁচে থাকা ঠিক আছে, এমনকি এতে হারিয়ে যাওয়াও ঠিক আছে। যদি আপনার এত সাহস না থাকে, তাহলে নিজেকে নিয়ন্ত্রণে রাখুন; তাহলে সেই প্রক্রিয়ায় জড়িয়ে পড়বেন না।

আরেক বন্ধু জিজ্ঞাসা করেছে, "নাচ এবং লাফানো ছাড়া কি ধ্যান সম্ভব?"

ধ্যান সম্ভব, কিছু না করেও ধ্যান করা সম্ভব। কিন্তু যারা জিজ্ঞাসা করছে তারা তা করতে পারবে না। ধ্যান কিছু না করেও হতে পারে,

এমনকি সামান্যতম কম্পন ছাড়াই। ধ্যান বলতে এমন একটি জায়গা বোঝায় যেখানে কোনও নড়াচড়া নেই, যেখানে সমস্ত কম্পন থেমে যায়। কিন্তু যে নাচতে ভয় পায়, অথবা মনে করে যে তারা এটি এড়িয়ে চলতে পারবে, সে তা করতে পারবে না। এবং তারা সবকিছুতেই ভয় পাবে।

আমি অসংখ্য ধ্যান কৌশল ব্যবহার করেছি। আমি যে প্রক্রিয়াই ব্যবহার করি না কেন, লোকেরা জিজ্ঞাসা করে, "এটি ছাড়া কি এটি সম্ভব নয়?" আমি যদি তাদের গভীর শ্বাস নিতে বলি, তারা এসে জিজ্ঞাসা করে, "গভীর শ্বাস গ্রহণ এড়ানো যায় কি, এই গভীর শ্বাস গ্রহণ এড়ানোর কোনও উপায় আছে কি?"

আমি মানুষকে চুপচাপ শুয়ে থাকতে বলেছি। তারা এসে বলে যে, চুপচাপ শুয়ে কিছুই অর্জন করা সম্ভব হয় না। আমি তাদের বলি, কিছু করো না, শুধু চুপ থাকো। তারা বলে, "আমরা চুপ থাকি, কিন্তু চিন্তাভাবনা ভেতরে ছুটে বেড়ায়। আমাদের অন্য পথ দেখান।"

আপনি যে মন থেকে এই পরামর্শ নিচ্ছেন, যে মন বলে, "আমাদের অন্য পথ দেখান," সে সবসময় সেখানে থাকবে। আপনি যে ধ্যান প্রক্রিয়াই করুন না কেন, এটি বলবে, "আমাকে অন্য পথ দেখাও।" কারণ এটি মৃত্যুকে ভয় পায়। সেই মন মৃত্যুকে ভয় পায়। আর ধ্যান হল মনের মৃত্যু। এটি আপনাকে সব দিক থেকে থামানোর চেষ্টা করবে।

তাই অন্য পদ্ধতির সম্ভাবনা নিয়ে চিন্তা করা বন্ধ করুন।

না! কারণ এটি এই পদ্ধতিকে বাধা দিচ্ছে, এটি প্রতিটি পদ্ধতিকে বাধা দেবে। প্রতিটি পদ্ধতিতে, এটি বলবে, "এর কী প্রয়োজন?"

- ওশো

ধ্যানের পদ্ম, নং ৮

এক বন্ধু জিজ্ঞাসা করল, "ধ্যানের প্রথম পর্যায়ে, আপনি এক বা দুই মিনিটের মধ্যেই সম্পূর্ণ ক্লান্ত হয়ে পড়েন।"

না, আপনি ক্লান্ত হন না; ক্লান্ত হওয়ার চিন্তা আসে মনে। ক্লান্ত হওয়ার চিন্তা একটা বড় ব্যাপার। যখন আপনি সম্পূর্ণ ক্লান্ত বোধ করেন, এবং ঠিক সেই মুহূর্তেই কেউ বন্দুক নিয়ে আপনার পিছনে

আসে, আপনাকে হত্যার হুমকি দেয়, তখন আপনি বুঝতে পারবেন যে আপনি মোটেও ক্লান্ত নন। আপনি কোনও রকম ক্লান্তি ছাড়াই মাইলের পর মাইল দৌড়াতে পারেন। কী হয়েছে? আপনি ক্লান্ত। একজন লোক বন্দুক নিয়ে আপনার পিছনে পিছনে আসে, আপনি এখন কীভাবে দৌড়াচ্ছেন?

বাস্তবে, আমরা বুঝতে পারি না যে আমাদের ভেতরে কতটা শক্তি আছে। আমরা পৃষ্ঠতলে বিদ্যমান ক্ষুদ্র শক্তি ব্যবহার করে বেঁচে থাকি। সেই শক্তির সামান্য অংশ ক্লান্ত হয়ে পড়ে, এবং আমরা ভাবি, 'এখন আমি ক্লান্ত,' এইটুকুই।

যে মুহূর্তে আপনি ক্লান্ত বোধ করবেন, আরও শক্তি দিয়ে শুরু করুন। দুই মিনিটের মধ্যেই আপনি দেখতে পাবেন যে ক্লান্তি চলে গিয়েছে এবং ভেতর থেকে আরও বৃহত্তর শক্তি এসেছে।

ক্লান্তির মুহূর্তটি খুবই মূল্যবান; "এটা আপনার সীমা। আপনি এখনও পর্যন্ত এতে অভ্যস্ত। এখন পর্যন্ত, আপনি সম্ভবত দুই মিনিটের মধ্যে যতটা শ্বাস নিয়েছিলেন, ততটাই নিঃশ্বাস ফেলেছেন। এটা কেবল একটা অভ্যাসের বিষয়। এতে ক্লান্ত হলে আপনার মন বলে, "এখন আমি আমার সীমায় পৌঁছে গিয়েছি, আমি ক্লান্ত।"

যদি আপনি দুই মিনিটের জন্য শ্বাস নিয়ে ক্লান্ত হয়ে পড়েন, তাহলে আপনি বাঁচবেন কীভাবে? না, এটা অভ্যাসের গন্ডি। আতঙ্কিত হবেন না; সেই মুহূর্তে জোরে জোরে শ্বাস নেওয়ার চেষ্টা করুন। এক মিনিটের মধ্যেই আপনি দেখতে পাবেন যে সীমা অতিক্রম করা সম্ভব হয়েছে, এবং শক্তি একটি নতুন স্তর থেকে প্রবাহিত হতে শুরু করেছে। ক্লান্তির মুহূর্ত হল সীমার মুহূর্ত, এবং যদি কেউ তাদের ক্লান্তির মুহূর্তটি কাটিয়ে উঠতে পারে, তাহলে তারা অবাক হয়ে যাবে।

উদাহরণস্বরূপ, আপনি হয়তো লক্ষ্য করেছেন: যদি আপনি প্রতি রাতে দশটায় ঘুমাতে যান, তাহলে দশটায় আপনার ঘুম আসতে শুরু করবে। কিন্তু যদি আপনি এগারোটা পর্যন্ত জেগে থাকেন, তাহলে এগারোটার আগে ঘুমাতে পারবেন না। কী ব্যাপার? যদি আপনি দশটায় ঘুমাতে যান, তাহলে এগারোটায় আরও বেশি ঘুম আসা উচিত। আসলে, সীমা অতিক্রম করা হয়েছে। আপনি আরও এক ঘণ্টা জেগে থাকুন। সুতরাং, যে শক্তি আপনাকে দশটা পর্যন্ত জাগিয়ে রেখেছিল তা

ব্যবহার করা শুরু হয়েছে। আমাদের মধ্যে শক্তির ভাণ্ডার আছে। আমরা যতটা চাই তত শক্তি সংগ্রহ করতে পারি, এবং শক্তির সেই উৎস কখনই শেষ হয় না, কারণ শেষ পর্যন্ত, তা ঈশ্বরের সাথে সংযুক্ত। জীবনে অসংখ্য বার শ্বাস নিচ্ছেন, কখনও ক্লান্ত হননি। দুই মিনিটের মধ্যে শ্বাস নিতে নিতে কি ক্লান্ত হয়ে পড়বেন? আপনি ক্লান্ত হবেন না। যখন আপনি ক্লান্ত হয়ে পড়বেন, তখন আরও চেষ্টা করুন। আসলে ক্লান্তিকে মেনে নেবেন না। আপনার ক্লান্তি কাটিয়ে ওঠার চেষ্টা করুন।

একই বন্ধু জিজ্ঞাসা করল, "তাহলে সারাদিন ধরে হাত-পায় ব্যথা হয়, অথবা পিঠে ব্যথা হয় কেন?"

অবশ্যই, যদি আপনি দুই মিনিটের মধ্যে ক্লান্ত হয়ে পড়েন, তাহলে ব্যথা হবে না তো কী হবে?

না, দুই মিনিটের মধ্যে ক্লান্ত হবেন না। নিজের পূর্ণ শক্তি ব্যবহার করুন। যে ত্রিশ মিনিট ধরে তার পূর্ণ শক্তি ব্যবহার করে সে সবচেয়ে কম ক্লান্ত হবে। আমি আমার শত শত দৈনন্দিন অভিজ্ঞতা থেকে বলছি। যে ব্যক্তি ত্রিশ মিনিট ধরে তার পূর্ণ শক্তি ব্যবহার করে সে সবচেয়ে কম ক্লান্ত হবে। আর যদি আপনি সত্যিই আপনার পূর্ণ শক্তি ব্যবহার করেন, তাহলে ত্রিশ মিনিট পরে আপনি সম্পূর্ণ হালকা এবং সতেজ বোধ করবেন; আপনি ক্লান্ত হবেন না।

আমরা ক্লান্ত হই, কারণ আমরা আমাদের পূর্ণ শক্তির ব্যবহার করি না - এক। আমরা আমাদের শক্তি ব্যবহার করি এবং পুরো সময় আমরা ভাবতে থাকি যে আমরা ক্লান্ত হতে পারি - দুই। আমরা আমাদের শক্তি ব্যবহার করি এবং নিজেদেরকেও থামিয়ে রাখি যাতে আমরা খুব বেশি এর ব্যবহার না করি। এটাই সব সমস্যার কারণ।

এখন, যেমন আপনি বলবেন আপনার পিঠে ব্যথা করছে, তেমনি কারো হাতও ব্যথা করতে পারে। এর মানে আপনার হাত নাচতে চেয়েছিল, কিন্তু আপনি তা করতে দেননি। আপনার পিঠ বাঁকতে চেয়েছিল, কিন্তু আপনি তাকে বাঁকতে দেননি। ব্যাথা হবে। আপনার পা লাফ দিতে চেয়েছিল, কিন্তু আপনি লাফ দিতে দেননি। ব্যাথা হবে।

এক বন্ধু আমার কাছে এসে বললো যে সারাদিন কাঁদতে ইচ্ছে করছে।

তাই আমি জিজ্ঞাসা করলাম, ধ্যানের সময় আপনি কি কেঁদেছেন?

সে বললো, না, ধ্যানের সময় কান্না আসেনা।

এখন সে ধ্যানের সময় তার কান্না চেপে রাখছে। এখন তার সারাদিন কাঁদতে ইচ্ছে করছে।

না, ধ্যানের মধ্যে কাঁদুন, তারপর দেখবেন দিনের বেলায় কাঁদতে কেমন লাগে। আমরা চেপে রাখছি, তাই একটা বাধা আছে। আর, যদি আপনি আমার কথা মতো এই সব করার পরেও ক্লান্ত বোধ করেন, তাহলে বুঝতে হবে যে আপনার শরীর কোনও ধরণের ব্যায়ামে অভ্যস্ত নয়। তিন, চার, পাঁচ দিনের মধ্যে এটি এতে অভ্যস্ত হয়ে যাবে। যদি আপনি কোনও নতুন ব্যায়াম শুরু করেন, তাহলে তিন, চার, পাঁচ দিনের জন্য আপনার শরীর একটু ব্যথা অনুভব করবে। তিন, চার, পাঁচ দিনের মধ্যে এটি সেরে যাবে; এটা নিয়ে খুব বেশি চিন্তা করার দরকার নেই। কিন্তু থামবেন না; ব্যথা অনুভব করতে দিন এবং আপনি তা করুন।

এটাও বলা হয়েছে যে দ্বিতীয় পর্যায়ে, শরীর সম্পূর্ণ ভিন্ন বোধ করবে, কিন্তু যদি শরীরে কিছু ঘটে, তাহলে তা তাৎক্ষণিকভাবে সচেতন হয়ে যাবে।

এটা অবশ্যই ভিন্ন, কিন্তু এর অর্থ এই নয় যে আপনি সচেতন হবেন না। এটা ভিন্ন, কিন্তু তারপরও, সচেতন হতে হবে। যেকোনও জিনিসের একটি অনুভূতি আছে, আর তার জন্যই সচেতন হতে হয়। প্রতিটি জিনিসের অনুভূতি ভিন্ন; তাই সচেতন থাকা খুবই জরুরি। যদি শরীর আলাদা হওয়ার সময় আপনার খিদে পায়, তাহলে মনে হবে যেন শরীর ক্ষুধার্ত। কিন্তু, যখন শরীর এক হওয়ার সময় আপনার খিদে পায়, তখন মনে হবে আমি ক্ষুধার্ত। এটাই একমাত্র পার্থক্য, আর কোনও পার্থক্য থাকবে না। যদি আপনি শরীরে ব্যথা অনুভব করেন, কিন্তু যদি শরীর আলাদা হয়, তাহলে মনে হবে যেন ব্যথাটা অনেক দূরে কোনও একটি শরীরে।

বিভিন্ন ধ্যান কৌশলে, দশ বা পনেরো মিনিটের মৌনব্রত খুব কম সময় বলে মনে হয়।

যারা ধ্যান করে তারা এটিকে খুব কম মনে করবে; যারা করে না তারা এটিকে অনেক বেশি মনে করবে। এখানে উভয় ধরণের মানুষই আছে। যারা করে না, তাদের সেই দশ মিনিটকেও অনেক দীর্ঘ সময়

বলে মনে হবে। যারা করে তারা মনে করবে যেন এটি সবেমাত্র শুরু হয়েছে এবং শেষ হয়ে গেল। কারণ সময় আমাদের আনন্দের সাথে সংকুচিত করে। সময় কোনও বাস্তব জিনিস নয়। সময় একটি শর্তাধীন জিনিস, আমাদের অভিজ্ঞতার উপর নির্ভর করে। এটি শর্তাধীন। আমরা যত খুশিতে থাকি, তা তত ছোট হয়। আমরা যত দুঃখে থাকি, তত তা দীর্ঘ হয়। ঘড়ির কাঁটা চলতে থাকে, কিন্তু হৃদয়ের হাতও তাই, এবং তাদের গতি আনন্দ এবং দুঃখের সাথে পরিবর্তিত হয়। যখন আপনি খুশি হন, তখন মুহূর্তটি বাতাসে উড়ে যায়। যখন আপনি দুঃখ পান, তখন মুহূর্তটিও পাথরের মতো বসে থাকে, নড়ে না। তাই, যারা ধ্যান করছেন তাদের জন্য, পনেরো মিনিটও যথেষ্ট নয়; কয়েক দিনের মধ্যে, এমনকি দশ ঘণ্টাও কম হয়ে যাবে। অতএব, ধ্যানের জন্য আলাদাভাবে বসে থাকার আর প্রয়োজন নেই; তারপর ধ্যান দিনে চব্বিশ ঘণ্টা চলতে থাকে। উঠতে, বসতে, কাজ করতে করতে একই আনন্দ, একই আনন্দ ছড়িয়ে পড়তে থাকে। তখন দশটি জীবনও ছোট মনে হয়।

আমার মনে হয় দশ মিনিট খুব কম, কিন্তু এখানে আমরা পরীক্ষাটি বোঝার চেষ্টা করছি। বাড়িতে, আপনি দশ মিনিটের বেশি করতে পারেন। পনেরো মিনিট, কুড়ি মিনিট, আধ ঘন্টা, আপনি যতটা স্বচ্ছন্দ্য বোধ করেন, চতুর্থ পর্যায়টি ততটাই প্রসারিত করতে পারেন। প্রথম তিনটি পর্যায় দশ মিনিটের বেশি হওয়া উচিত নয়। প্রথম তিনটি পর্যায় সর্বাধিক ত্রিশ মিনিটের বেশি হওয়া উচিত নয়। চতুর্থ পর্যায়টি আপনার যতটা ইচ্ছে বাড়ানো যেতে পারে, কারণ এটি অপেক্ষার পর্যায়, করার পর্যায় নয়। এই তিনটি পর্যায় করার জন্য। এগুলি আপনার, মানুষের ক্ষমতা অনুসারে নির্ধারিত হয়। কোনও পর্যায় দশ মিনিটের বেশি হওয়া উচিত নয়। তবে আপনি যতক্ষণ চান চতুর্থ পর্যায়টি প্রসারিত করতে পারেন।

এবং আপনার ধ্যান গভীর হওয়ার সাথে সাথে, আধ ঘণ্টা বা এক ঘণ্টা চতুর্থ পর্যায়ে ব্যয় করা যেতে পারে। এটি এত সহজেই কেটে যাবে যে কখন কেটে গিয়েছে তা আপনি বুঝতেও পারবেন না। আপনি বাড়িতে এটি অনুশীলন করতে পারেন। এখানে, আপনাকে পনের মিনিটের মধ্যে শেষ করতে হবে। যেহেতু অনেক লোক আছে, তাদের

সকলের যত্ন নেওয়া গুরুত্বপূর্ণ। তাহলে আমরা এখানে তার মাত্রা কতটা তা বুঝতে এসেছি। আসল পরীক্ষাটি এখান থেকে সরে গিয়ে করা হবে।

– ওশো

ধ্যান দর্শন

জেট যুগে, ধ্যান পদ্ধতি দ্রুত হওয়া প্রয়োজন।

এখন, এই পৃথিবীতে, বছরের পর বছর ধ্যান স্থায়ী হতে পারে না। এখনকার মানুষের দিন বা ঘণ্টার অনুভূতি শেষ হয়েছে। আর এখন, এমন একটি প্রক্রিয়ার প্রয়োজন যা তাৎক্ষণিক ফলাফল দেয় বলে মনে হয়। যদি একজন ব্যক্তি সাত দিনের জন্য একটি সংকল্প করে, তাহলে সাত দিনের মধ্যে, তারা বুঝতে পারে যে অনেক কিছু ঘটেছে... সেই ব্যক্তি অন্য কারো হয়ে গিয়েছে। যদি এটি সাত জন্মে আবিষ্কৃত হত, তাহলে কেউ পরীক্ষা-নিরীক্ষা করত না। পুরানো দাবিগুলি জীবনকাল সম্পর্কে ছিল - তারা বলত: এই জন্মে এটি করো, পরের জীবনে ফল পাবে। তারা অত্যন্ত ধৈর্যশীল, অপেক্ষাকারী মানুষ ছিল। তারা এই জন্মে অনুশীলন করেছে, পরের জন্মের জন্য অপেক্ষা করেছে। এখন, কেউ তা করবে না। যদি আজ ফল না পাওয়া যায়, তাহলে তারা আগামীকালের জন্য অপেক্ষা করতে প্রস্তুত নয়।

আগামীকালের কোনও গ্যারান্টি নেই। হিরোশিমা এবং নাগাসাকিতে যেদিন পারমাণবিক বোমা ফেলা হয়েছিল, সেদিন থেকে "আগামীকাল" অদৃশ্য হয়ে গিয়েছে। আমেরিকার হাজার হাজার ছেলেমেয়ে কলেজে যেতে ইচ্ছুক নয়—তারা বলে, "আমরা স্নাতক না হওয়া পর্যন্ত এই পৃথিবী টিকে থাকবে কি?" আগামীকালের কোনও গ্যারান্টি নেই! তাই তারা বলে, "আমাদের সময় নষ্ট করবেন না—আসুন আমরা যে দিনগুলি পেয়েছি সেই গুলি উপভোগ করে বাঁচি।" ছেলেমেয়েরা উচ্চ মাধ্যমিক পড়ার পরেই, পড়াশোনা ছেড়ে দিচ্ছে—তারা বলে, "আমরা বিশ্ববিদ্যালয়ে যাব না, কারণ স্নাতক হতে ছয় বছর সময় লাগে... পৃথিবী কি ছয় বছরে টিকে থাকবে?" যখন একজন ছেলে তার বাবাকে জিজ্ঞাসা করে, "ছয় বছর... পৃথিবীর কোনও নিশ্চয়তা আছে কি?" কেন আমরা এই ছয় বছর নিজেদের মতো করে ব্যবহার করব না... আমাদের জীবনে আমাদের কাছে যা আছে তা খুবই কম?

যেখানে আগামীকাল এত অনিশ্চিত হয়ে পড়েছে, সেখানে আপনি জীবনকালের কথা বলছেন; এটা অর্থহীন। কেউ শুনতে ইচ্ছুক নয়—আর কেউ শুনছেও না। তাই আমি বলছি... পরীক্ষা আজই হওয়া উচিত, এবং ফলাফল আজই অর্জন করা উচিত। যদি কেউ আমাকে এক ঘন্টা দিতে ইচ্ছুক হয়, তাহলে তাদের আজই ফলাফল বুঝতে হবে, সেই এক ঘণ্টার পরে। তবেই তারা আগামীকাল এক ঘণ্টা দিতে পারবে—অন্যথায়, আগামীকালের কোনও গ্যারান্টি নেই। তাই, যুগের চাহিদা বদলে গিয়েছে। এটি ছিল গরুর গাড়ির জগৎ, এবং সবকিছু ধীরে ধীরে চলত, এমনকি আধ্যাত্মিক অনুশীলনও। এটি জেটের জগৎ, এমনকি আধ্যাত্মিক অনুশীলনও ধীরে চলতে পারে না; এটিও দ্রুত, গতিশীল এবং দ্রুততর হতে হবে।

-ওশো

জিন খোজা তিন পাইয়া

প্রিয় ওশো,

সক্রিয় ধ্যান খুবই সক্রিয় এবং এর জন্য অনেক প্রচেষ্টার প্রয়োজন। আমরা কি কেবল চুপচাপ বসে ধ্যান করতে পারি না?

আপনি চুপচাপ বসে ধ্যান করতে পারেন। কিন্তু শুধু চুপচাপ বসে থাকা এবং কিছুই না করা। যদি আপনি কেবল চুপচাপ বসে থাকতে পারেন, তাহলে সেটাই ধ্যান হয়ে যায়। সম্পূর্ণরূপে বসুন। নিষ্ক্রিয়তাই হোক আপনার একমাত্র কার্যকলাপ। আসলে, 'জেন' শব্দটি নিজেই 'জাজেন' থেকে এসেছে, যার অর্থ বসে থাকা, কিছুই না করা। যদি আপনি কেবল বসে থাকতে পারেন, তাহলে আপনার শরীর এবং মনও নিষ্ক্রিয় হয়ে যায়, সেটাই ধ্যানে পরিণত হয়। কিন্তু সেটা কঠিন।

আপনি যখন কিছু করছেন তখন বসে থাকা সহজ, কিন্তু অলসের মতো বসে থাকা কঠিন হয়ে পড়ে। আপনার শরীরের প্রতিটি কোষ কম্পিত হতে শুরু করে, প্রতিটি স্নায়ু কম্পনে পূর্ণ হয়ে যায়। আপনি একটি সূক্ষ্ম কম্পন অনুভব করতে শুরু করেন। আপনি প্রথমবারের মতো আপনার শরীরের এমন অনেক বিষয় সম্পর্কে সচেতন হবেন যা আপনি আগে জানতেন না। তাই, অন্যান্য ধাপগুলি সম্পন্ন করার পরেই আপনি বসতে পারেন।

আপনি শুধু বসতে পারেন; এটা সহজ। আপনি শুধু নাচতে পারেন; এটা আরও সহজ। বুদ্ধের ভঙ্গিতে বসা হল শেষ কাজ। এটা কখনোই শুরুতে করা উচিত নয়। কর্মের সাথে সম্পূর্ণরূপে পরিচিত হওয়ার পরেই আপনি নিষ্ক্রিয়তার সাথে পরিচিত হতে পারবেন।

তাই আমি কখনই মানুষকে বসার মাধ্যমে শুরু করতে বলি না। যেখান থেকে যাত্রা সহজ সেখান থেকে শুরু করুন। অন্যথায়, আপনি ভেতরে অনেক অপ্রয়োজনীয় জিনিস অনুভব করতে শুরু করবেন।

যদি আপনি বসে ধ্যান শুরু করেন, তাহলে আপনি ভেতরে অনেক বিশৃঙ্খলা দেখতে পাবেন। আপনি কেবল নিজের অস্থির মন সম্পর্কে সচেতন হন, আর কিছুই না। এটি আপনাকে হতাশায় ভরিয়ে দেবে, আপনি দুঃখিত হবেন। আপনি খুশি হবেন না; আপনি নিজেকে পাগল মনে করবেন, এবং কখনও কখনও আপনি আসলে পাগল হয়ে যেতে পারেন।

যদি আপনি পূর্ণ আন্তরিকতার সাথে বসার চেষ্টা করেন, তাহলে আপনি সত্যিই পাগল হতে পারেন। কারণ মানুষ সম্পূর্ণ হৃদয় দিয়ে চেষ্টা করে না, তাই তারা পাগল হয় না। এরকম ঘটনা আগেও অনেকবার ঘটেছে। বুদ্ধাসনে ধ্যান করার সময় মানুষ পাগল হয়ে গিয়েছে, তাই আমি এভাবে ধ্যান করার পরামর্শ দিচ্ছি না। আপনি হয়তো আপনার ভেতরের উন্মাদনার সম্পূর্ণ মাত্রা অনুভব করতে প্রস্তুত নন। কিছু জিনিস ধীরে ধীরে প্রকাশ পেতে হবে।জ্ঞান সবসময় শুভ হয় না। আপনার জানার ক্ষমতার অনুপাতে ধীরে ধীরে তা বেরিয়ে আসা উচিত।

আমি আপনার উন্মাদনা দিয়ে শুরু করি। আমি আপনার উন্মাদনাকে প্রবাহিত হতে দিই। যখন আপনি পাগলের মতো নাচেন, তখন আপনার ভেতরে বিপরীত ঘটনা ঘটে। সেই উন্মাদনা নাচের সাথে সাথে আপনার ভেতরে একটি নীরব বিন্দুতে জাগ্রত হতে শুরু করে। অন্যদিকে যখন আপনি চুপচাপ বসে থাকেন, তখন ঠিক বিপরীত ঘটনা ঘটে। আপনি আপনার ভেতরের উন্মাদনার জন্য জাগ্রত হন।

বিপরীত চরম সীমা হল সর্বদা মনোযোগ কেন্দ্রীভূত করা। তোমার উন্মাদনা প্রকাশ পায় পাগলের মতো নাচার, কাঁদার এবং

এলোমেলোভাবে শ্বাস নেওয়ার সময়। তারপর আপনি একটি সূক্ষ্ম বিন্দু অনুভব করতে শুরু করেন, নীরব এবং স্থির। এই অনুভূতিটি পরিধিতে উত্থিত উন্মাদনার বিপরীত। আপনার কেন্দ্রে নীরবতা রয়েছে। সেখানে আপনি গভীর আনন্দ অনুভব করবেন।

আপনি যদি সক্রিয়, গঠনমূলক, গতিশীল, জীবন্ত কিছু দিয়ে শুরু করেন তাহলে ভালো হবে। তারপর আপনি নিজের ভেতরে একটা স্থিরতা খুঁজে পাবেন যা ধীরে ধীরে বৃদ্ধি পাবে। এটি বাড়ার সাথে সাথে আপনার পক্ষে বসা বা শুয়ে থাকা এবং একটি ভঙ্গি ধরে রাখা সম্ভব হবে। তারপর নিষ্ক্রিয় ধ্যান সম্ভব। ততক্ষণে, পরিস্থিতি অনেক বদলে যাবে।

একটি ধ্যান পদ্ধতি যা নড়াচড়া দিয়ে, কর্ম দিয়ে শুরু হয়, তা আপনাকে অনেকভাবে সাহায্য করে। সেই ক্রিয়াটি ক্যাথারসিসে পরিণত হয়। যখন আপনি কেবল বসে থাকেন, তখন আপনি অস্বস্তি বোধ করেন। প্রতিটি স্নায়ু কম্পিত হতে শুরু করে। আপনি নিজের উপর এমন কিছু চাপিয়ে দিচ্ছেন যা আপনার কাছে স্বাভাবিক নয়। আপনি নিজেকে দুটি ভাগে বিভক্ত করেছেন: একটি চাপিয়ে দিচ্ছে এবং অন্যটি চাপিয়ে দেওয়া হচ্ছে। বাস্তবে, যে অংশটি চাপিয়ে দেওয়া হচ্ছে তা আরও খাঁটি। এই চাপা অংশটি আপনার মনের বাস্তবতা, যা অনেক বড়। স্বাভাবিকভাবেই, বৃহত্তর অংশটি জয়লাভ করবে। আপনাকে ব্যথার মধ্য দিয়ে যেতে হবে।

প্রিয় ওশো,

সক্রিয় ধ্যানের প্রথম কয়েক দিনে, পেশী শক্ত হয়ে যায় এবং সর্বত্র ব্যথা হয়। এই অসুবিধা সমাধানের কোনও উপায় আছে কি?

চালিয়ে যান। আপনি এর বাইরে যান। এবং এই কারণগুলি স্পষ্ট। দুটি কারণ রয়েছে: প্রথমত, এটি একটি খুব তীব্র ব্যায়াম, এবং আপনার শরীরকে এর সাথে খাপ খাইয়ে নিতে হবে। অতএব, তিন বা চার দিনের জন্য, এটি এমন অনুভূতি হয়ে উঠবে যেন আপনার পুরো শরীর ব্যথা করছে। এটি যেকোনও নতুন ব্যায়ামের মতোই অনুভূত হবে। কিন্তু কয়েকদিন পর, আপনি তা কাটিয়ে উঠবেন, এবং আপনার শরীর আগের চেয়ে বেশি শক্তিশালী বোধ করবে।

কিন্তু এটাও মৌলিক নয়। মৌলিক বিষয়টি আরও গভীরে যায়। মৌলিক বিষয়টি হল আধুনিক মনোবিজ্ঞান যা আবিষ্কার করেছে: আপনার শরীর কেবল শারীরিক নয়। দমনের মাধ্যমে অনেক কিছুই আপনার শরীরে, আপনার পেশীতে, আপনার শরীরের গঠনে প্রবেশ করেছে। আপনি যদি রাগ দমন করেন, তাহলে তা শরীরে প্রবেশ করবে। এটা পেশীতে যাবে, রক্তে যাবে। যদি আপনি কিছু দমন করেন, তাহলে তা কেবল মানসিক বিষয় নয়; এটা একটা শারীরিক বিষয়ও, কারণ বাস্তবে, আপনি বিভক্ত নন।

আপনি দুটি ভিন্ন বিষয় নন: মন এবং শরীর; আপনি শরীর-মন, মনোদৈহিক। উভয়েই একসাথে রয়েছে। সুতরাং, শরীরের সাথে যা করা হয় তা মনের কাছে পৌঁছায়, আর মনের সাথে যা করা হয় তা শরীরে পৌঁছায়। মন এবং শরীর একই জিনিসের দুটি প্রান্ত।

উদাহরণস্বরূপ, রেগে গেলে আপনার শরীরের কী হবে? যখনই আপনি রেগে যান, তখন কিছু বিষাক্ত পদার্থ আপনার রক্তপ্রবাহে নির্গত হয়। ঐ বিষাক্ত পদার্থগুলি ছাড়া আপনি রাগ করার মতো পাগল হতে পারতেন না। আপনার শরীরে বিশেষ গ্রন্থি আছে এবং তা থেকে কিছু রাসায়নিক পদার্থ নিঃসরণ হয়।

এই কারণেই, যখন আপনি রেগে যান, তখন আপনি এমন কিছু করতে পারেন যা আপনি সাধারণত করতেন না কারণ আপনি পাগল হয়ে গিয়েছেন। আপনি একটা বিশাল পাথর সরাতে পারেন। আপনি সাধারণত তা করতে পারেন না। পরে, আপনি বিশ্বাসও করতে পারেন না যে আপনি সেটা সরিয়েছেন বা তুলেছেন। যখন আপনি স্বাভাবিক অবস্থায় ফিরে আসবেন, তখন আপনি সেটা তোলার শক্তি পাবেন না, কারণ আপনি আর আগের মতো নেই। কিছু রাসায়নিক আপনার রক্তপ্রবাহের মধ্য দিয়ে প্রবাহিত হচ্ছিল। আপনি জরুরি অবস্থায় ছিলেন। আপনার সমস্ত শক্তি সক্রিয় ছিল।

কিন্তু যখন কোনও প্রাণী রেগে যায়, তখন সে কেবল রেগে থাকে। এর কোনও নীতিবোধ নেই, এর জন্য কোনও শিক্ষা নেই। সে কেবল রেগে যায়, আর সেই রাগ প্রকাশ পায়। যখন আপনি রেগে যান, তখন আপনিও একটা পশুর মতো রেগে যান, কিন্তু তারপর সমাজ, নীতি, আচরণের রীতিনীতি এবং হাজারো জিনিস থাকে, আর আপনি নিজের

রাগ দমন করেন। আপনাকে এমন ভান করতে হবে যেন আপনি রাগ করেননি, আপনাকে হাসতে হয়—জোর করে হাসতে হয়। আপনাকে একটা মেকি হাসি তৈরি করতে হয় এবং রাগ দমন করতে হয়। তাহলে শরীরের কী হচ্ছে? শরীর লড়াই করতে প্রস্তুত ছিল—হয় লড়াই করতে অথবা পালাতে, বিপদ থেকে পালাতে, মুখোমুখি হতে অথবা প্লেন করতে। শরীর কিছু একটা করার জন্য প্রস্তুত ছিল; রাগ হল কিছু করার জন্য কেবল প্রস্তুতি। শরীর সহিংসতার জন্য, আক্রমণের জন্য প্রস্তুত।

যদি আপনি হিংস্র বা আক্রমণাত্মক হন, তাহলে শক্তি বেরিয়ে আসবে। কিন্তু আপনি তা পারবেন না। এটা আরামদায়ক নয়, তাই আপনি এটাকে দমন করার চেষ্টা করেন। তাহলে আক্রমণের জন্য প্রস্তুত পেশীগুলির কী হবে? তারা পক্ষাঘাতগ্রস্ত হয়ে যাবে। শক্তি তাদের আক্রমণ করার জন্য ঠেলে দেবে, এবং আপনি তাদের পিছনে ঠেলে দেবেন, আক্রমণাত্মক হওয়ার থেকে বাধা দেবেন। একটি দ্বন্দ্ব তৈরি হবে। আপনার পেশীতে, আপনার রক্তে, আপনার শরীরের কোষে একটি দ্বন্দ্ব তৈরি হবে; তারা সবকিছু প্রকাশ করবে না। আপনি তাদের দমন করছেন। আপনার শরীর পক্ষাঘাতগ্রস্ত হয়ে পড়বে।

এবং এটি প্রতিটি আবেগের সাথে ঘটে, এবং এটি বছরের পর বছর ধরে প্রতিদিন চলতে থাকে। তারপর তোমার শরীর সর্বত্র পক্ষাঘাতগ্রস্ত হয়ে পড়ে। সমস্ত স্নায়ু পক্ষাঘাতগ্রস্ত হয়ে পড়ে। তারা আর প্রবাহিত হয় না, তারা আর তরল থাকে না, তারা আর জীবিত থাকে না। তারা মৃত হয়ে যায়। তারা বিষাক্ত হয়ে যায়। তারা সব জট পাকিয়ে যায়, তারা আর স্বাভাবিক থাকে না।

একটি প্রাণীর দিকে তাকান এবং তার শরীরের সৌন্দর্য দেখুন। মানুষের শরীরের কী হয়েছে? কেন এটি এত সুন্দর নয়? কেন? প্রতিটি প্রাণীই এত সুন্দর, কেন মানুষের শরীর সুন্দর নয়? এর কী হয়েছে? আপনি এর সাথে কিছু একটা করেছেন। আপনি এটিকে ধ্বংস করেছেন এবং এর স্বাভাবিক প্রবাহ হারিয়ে গিয়েছে এবং এটি থেমে গিয়েছে এবং পচে গিয়েছে। আপনার শরীরের প্রতিটি অংশ বিষে ভরে গিয়েছে। আপনার শরীরের প্রতিটি পেশীতে চাপা ক্রোধ, চাপা কাম, চাপা লোভ, চাপা ঈর্ষা, চাপা ঘৃণা; সবকিছুই সেখানে চাপা পড়ে আছে। সত্যিই আপনার শরীর অসুস্থ।

তাই যখন আপনি ধ্যান শুরু করেন, তখন এই সমস্ত বিষাক্ত পদার্থ বেরিয়ে যেতে শুরু করে, এবং যেখানেই শরীর স্থির হয়ে যায়, সেখানেই তা আবার গলে তরল হতে শুরু করে। হঠাৎ করে, চল্লিশ বছর ধরে ভুলভাবে বেঁচে থাকার পর ধ্যান করলে পুরো শরীরে একটা ঝড় ওঠে। আপনি সর্বত্র ব্যথা অনুভব করেন। কিন্তু এই ব্যথা ভালো, এবং আপনার এটাকে স্বাগত জানানো উচিত। শরীরকে আবার প্রবাহিত হতে দিন; এটি আবার সুন্দর এবং শক্তিশালী হয়ে উঠবে। আপনি আবার প্রাণবন্ততার অনুভূতি অনুভব করতে শুরু করবেন। কিন্তু সেই প্রাণবন্ততা আসার আগে, মৃত অঙ্গগুলিকে আবার জীবিত করতে হবে, এবং এটি একটু যন্ত্রণাদায়ক হবে।

মনোবিজ্ঞানীরা বলেন যে আমরা আমাদের শরীরের চারপাশে একটি ঢাল তৈরি করেছি, এবং সেই ঢালই সমস্যা। যখন আপনি রেগে যান, যদি আপনাকে তা প্রকাশ করার স্বাধীনতা দেওয়া হয়, তখন আপনি কী করবেন? যখন আপনি রেগে যান, তখন আপনি দাঁত কিড়মিড় করতে শুরু করেন, নখ এবং হাত দিয়ে কিছু করতে শুরু করেন, কারণ এটা আমাদের সাথে পশুরাজ্য থেকে এসেছে। আপনি নিজের হাত দিয়ে কিছু একটা করতে চান—কিছু ধ্বংস করার জন্য।

যদি আপনি কিছু না করেন, তাহলে আপনার আঙ্গুলগুলি অবশ হয়ে যায়, তাদের সৌন্দর্য এবং লাবণ্য নষ্ট হয়ে যায়। তারা আর জীবন্ত অঙ্গ থাকবে না, তারা বিষে ভরা যাবে। এই কারণেই যখন আপনি কারো সাথে করমর্দন করেন, তখন কোনও প্রকৃত স্পর্শ থাকে না, কারণ তাদের মধ্যে কোনও জীবন থাকে না; তারা মৃত।

আপনি এটা অনুভব করতে পারেন। একটা ছোট বাচ্চার হাত স্পর্শ করুন, আর তাতে করে আপনি একটা সূক্ষ্ম পার্থক্য অনুভব করবেন। যখন একটা বাচ্চা আপনাকে তার হাত দেয়... যদি সে আপনাকে এটা দিতে না চায়, তাহলে সে সেটা কেড়ে নেবে। সে তার মৃত হাত তোমাকে দেবে না। তা সরিয়ে নেবে। কিন্তু যদি সে আপনাকে তার হাত দিতে চায়, তাহলে আপনি অনুভব করবেন যে তার হাত আপনার হাতের মধ্যে গলে যাচ্ছে। এর উষ্ণতা, এর প্রবাহ, এমন হবে যেন পুরো শিশুটি সেই হাতে চলে এসেছে; এই স্পর্শে, সে তার সমস্ত ভালোবাসা প্রকাশ করবে, যতটা প্রকাশ করা যায়।

কিন্তু যখন সেই শিশুটি বড় হয়, তখন সে এমনভাবে করমর্দন করে যেন তার হাতটিতে কোনও রকম প্রাণের স্পন্দন নেই। আর সেই হাত পাওয়া যাবে না, সেই হাতে প্রাণের অনুভূতি প্রবাহিত হবে না, এবং এর কারণ হল পথে অনেক বাধা এসেছে। রাগ সমস্ত বোধ আটকে দিয়েছে। আসলে, আপনার হাত আবার জীবিত হওয়ার আগে, সেই গুলিকে যন্ত্রণার মধ্য দিয়ে যেতে হবে। যদি সেই রাগ ত্যাগ করা না হয়, তবে সেই রাগ পথ বন্ধ করে দেবে, এবং সেখান থেকে প্রেম প্রবেশ করতে পারবে না।

শুধু আপনার হাত নয়, আপনার পুরো শরীর এইভাবে হিমায়িত হয়ে গিয়েছে। আপনি যখন কাউকে জড়িয়ে ধরেন, তখন আপনি তাকে নিজের বুকের কাছে আনেন, কিন্তু এর অর্থ এই নয় যে আপনি তাকে হৃদয়ের কাছে নিয়ে আসছেন। এই দুটি একেবারে ভিন্ন বিষয়। আপনি কাউকে জড়িয়ে ধরতেই পারেন; এটি একটি শারীরিক ঘটনা, কিন্তু যদি আপনার হৃদয়ের চারপাশে একটি ঢাল থাকে, আবেগের পথে বাধার সৃষ্টি হয়, তাহলে সেই ব্যক্তিটি আগের মতোই দূরে থাকবে এবং সেক্ষেত্রে কোনও ঘনিষ্ঠতা সম্ভব নয়। কিন্তু যদি আপনি সত্যিই কাউকে কাছে নিয়ে আসেন, যদি আপনার এবং তাদের মধ্যে কোনও রকম বাধার সৃষ্টি না হয়, কোনও প্রাচীর না থাকে, তাহলে আপনার হৃদয়ের সাথে সাথে অন্যের হৃদয়ও গলে যাবে এবং সেক্ষেত্রে একটি মিলন, একটি বন্ধুত্ব তৈরি হবে।

আপনার শরীর থেকে বহু বিষাক্ত পদার্থ নির্গত করতে হবে। আপনি হয়তো বিষাক্ত হয়ে উঠেছেন, এবং আপনি তা অনুভব করতে পারবেন কারণ এই সমস্ত বিষাক্ত পদার্থ আপনার ভিতরে শিকড় গড়ে তুলেছে । এখন আমি আবার বিশৃঙ্খলা তৈরি করছি। এই ধ্যান আপনার ভিতরে আবার বিশৃঙ্খলা তৈরি করবে যাতে আপনি পুনর্গঠিত হতে পারেন, যাতে একটি নতুন সৃষ্টি সম্ভব হয়। আপনি যেমন আছেন, তেমন থাকলে চলবে না, আপনাকে ধ্বংস হতে হবে; তবেই একটি নতুন জন্ম হতে পারবে। আপনি যেমন আছেন, সেটা সম্পূর্ণ আপনার ভুল। আপনাকে ধ্বংস হতে হবে, তবেই নতুন কিছু তৈরি করা যাবে। কষ্ট, কষ্ট থাকবে, কিন্তু এই কষ্ট সহ্য করার যোগ্য।

তাই ধ্যান করতে থাকুন, আর যদি আপনার শরীর ব্যথা অনুভব করে, তাহলে তা হতে দিন। এটাকে আটকে রাখবেন না; ছেড়ে দিন। এই ব্যথা আপনার অতীত থেকে এসেছে, কিন্তু এটি চলে যাবে। যদি আপনি তাকে যেতে দেন, তবে তা চলে যাবে, তাহলে প্রথমবারের মতো আপনার কাছে একটি শরীর থাকবে। এই মুহূর্তে, আপনার কাছে কেবল একটি কারাগার আছে, একটি বন্ধ ক্যাপসুল। আপনি একটি খোলসের মধ্যে আবদ্ধ; আপনার প্রাণবন্ত শরীর নেই। এমনকি প্রাণীদেরও আপনার চেয়ে সুন্দর এবং প্রাণবন্ত শরীর রয়েছে।

আমরা আমাদের শরীরের উপর অনেক নির্যাতন করেছি। তাই, যখন আমি এই বিশৃঙ্খল ধ্যানে আপনার শরীরকে আবার জীবিত হতে বাধ্য করব, তখন অনেক বাধা ভেঙে যাবে, যা খুব স্থিতিশীল হয়ে উঠেছে তা গলে যাবে, এবং যে নিদর্শনগুলি হিমায়িত হয়ে গিয়েছে তা তরল হয়ে যাবে। ব্যথা থাকবে, কিন্তু তাকে স্বাগত জানাই। এটি শুভ, এবং আপনি এটিকে অতিক্রম করবেন। এটি একটি আশীর্বাদ। চালিয়ে যান। কী করবেন তা নিয়ে ভাবার দরকার নেই। আপনি কেবল ধ্যান করতে থাকুন। আমি শত শত মানুষকে এই প্রক্রিয়ার মধ্য দিয়ে যেতে দেখেছি।কয়েক দিনের মধ্যে ব্যথা চলে যায় এবং যখন ব্যথা চলে যায় তখন আপনার চারপাশে একটি সূক্ষ্ম আনন্দ বিরাজ করে।

এটা আসবেই, কিন্তু আপনাকে সেই কষ্ট, সেই যন্ত্রণার মধ্য দিয়ে যেতে হবে। তা আপনার ভাগ্যের অংশ, কারণ আপনি এটা সৃষ্টি করেছেন। কিন্তু তা চলে যায়। যদি আপনি তা বন্ধ না করেন, তাহলে তা চলে যায়।

যদি আপনি মাঝপথে থামেন, তাহলে পুরনো যানজট আবার ফিরে আসবে, এবং চার-পাঁচ দিনের মধ্যে, সবকিছু আপনার কাছে আগের মতোই মনে হবে। তা যেন আপনার কাছে ঠিক বলে মনে হয়, তার জন্য আপনাকেই সাবধান থাকতে হবে।

-ওশো

কেনোপনিষদ

যাই ঘটুক না কেন, তাকে সম্পূর্ণ ঘটতে দিন

যখন আপনার ভেতরে কিছু ঘটতে শুরু করে, তখন নিজের জীবনকে ঝুঁকির মুখে ঠেলে, নিজেকে সম্পূর্ণরূপে সমর্পণ করতে হবে—শুধু ভেসে থাকতে হবে। এই স্রোত আমাদের যেখানেই নিয়ে

যাবে, আমরা যেতে ইচ্ছুক। একটি নির্দিষ্ট সীমা পর্যন্ত আমাদের ডাকতে হবে, এবং যখন শক্তি জাগ্রত হবে, তখন আমাদের ছেড়ে দিতে হবে। একটি মহান হাত আমাদের ধরে রেখেছে, এখন আমাদের চিন্তা করার দরকার নেই, এখন আমাদের প্রবাহিত হতে হবে।

তবে শক্তির এই উত্থানের সাথে সাথে অনেক ঘটনা ঘটবে, কিন্তু আতঙ্কিত হবেন না, কারণ নতুন অভিজ্ঞতা ভীতিকর। যখন একটি শিশু তার মায়ের গর্ভ থেকে জন্মগ্রহণ করে, তখন সে খুব ভয় পায়। মনোবিজ্ঞানীরা বলেন যে এটি একটি বেদনাদায়ক অভিজ্ঞতা, যার থেকে মুক্তির কোনও উপায় নেই। একটি শিশুর মধ্যে নতুনের ভয় শুরু হয় যখন সে তার মায়ের গর্ভ থেকে জন্মগ্রহণ করে, কারণ তার মায়ের গর্ভে, সে নয় মাস ধরে সম্পূর্ণ নিরাপদ পৃথিবীতে ছিল—কোনও চিন্তা নেই, কোনও উদ্বেগ নেই, কোনও শ্বাস নেই, কোনও খাওয়া নেই, কোনও কান্না নেই, কোনও গান নেই, কোনও পৃথিবী নেই, কিছুই নেই—সে সম্পূর্ণ শান্তিতে ছিল। মাতৃগর্ভ থেকে বেরিয়ে আসার পর, একটি সম্পূর্ণ নতুন পৃথিবীতে তার আগমন ঘটে - জীবনের প্রথম ধাক্কা এবং তা শুরু হয় ভয়ের মধ্যে দিয়েই।

সকল মানুষই নতুনকে ভয় পায়, তারা পুরাতনকে আঁকড়ে ধরে থাকতে চায়, তারা নতুনকে ভয় পায়। এটি ছিল আমাদের প্রথম শৈশব অভিজ্ঞতা: নতুন আমাদের অনেক সমস্যায় ফেলেছে। আমাদের মায়ের গর্ভে থাকাই ভালো ছিল। সেইজন্যই আমরা অনেক ব্যবস্থা করেছি যা মূলত আমাদের মায়ের গর্ভের মতো - আমাদের গদি, আমাদের সোফা, আমাদের গাড়ি, আমাদের ঘর - আমরা সেই সবই আমাদের মায়ের গর্ভের আকারে তৈরি করেছি। আমরা তাদের ঠিক ততটাই আরামদায়ক করার চেষ্টা করি, কিন্তু সেই গুলি সেই আরাম দিতে ব্যর্থ।

আমাদের মায়ের গর্ভ থেকে আমাদের প্রথম অভিজ্ঞতা হল নতুনের ভয়। এটি আরও বৃহত্তর অভিজ্ঞতা, কারণ মাতৃগর্ভ কেবল শরীরের জন্য একটি নতুন অভিজ্ঞতা হলেও, এখানে সেই নতুন অভিজ্ঞতা ঘটে আত্মার ক্ষেত্রে। অতএব, এটি একটি সম্পূর্ণ নতুন জন্ম। এই কারণেই আমরা এই ধরণের লোকদের ব্রাহ্মণ বলতাম। ব্রাহ্মণরা দ দ্বিতীয়বার জন্ম গ্রহণ করত, এই কারণেই তাদের 'দ্বিজ' বলা হত - পুনর্জন্ম।

সুতরাং, যখন সেই শক্তি সম্পূর্ণরূপে জাগ্রত হবে, তখন একটি নতুন জন্ম হবে। সেই জন্মে, আপনারা দুজনেই—মা এবং ছেলে,

দুজনেই একা। অতএব, প্রসবের যন্ত্রণা থাকবে...এবং নতুন ও অনিরাপদ কিছুর অনুভূতিও থাকবে। অতএব, এটি একটি অত্যন্ত বিরক্তিকর এবং ভীতিকর অভিজ্ঞতা হতে পারে। ঠিক যেমন একজন মা প্রসবের যন্ত্রণা অনুভব করেন, আপনিও একই যন্ত্রণা অনুভব করবেন, কারণ এখানে আপনারা দুজনেই মা এবং ছেলে। এখানে অন্য কোনও মা নেই, এবং এখানে অন্য কোনও পুত্র নেই। আপনি জন্মগ্রহণ করছেন, এবং এটি আপনার মাধ্যমেই ঘটছে। অতএব, প্রসবের যন্ত্রণা খুব তীব্র হতে পারে।

এখন, এত মানুষ আমার কাছে এসে বলছে, "কেউ কাঁদছে এবং এত জোরে চিৎকার করছে, আপনি কেন তাদের থামাচ্ছেন না?" "তারা কাঁদবে এবং চিৎকার করবে; তাদের কাঁদতে দিন, তাদের চিৎকার করতে দিন। কেবল তারাই জানে তাদের ভেতরে কী ঘটছে।" এখন, একজন মা কাঁদছেন, তার সন্তানের জন্ম হচ্ছে, এবং একজন মহিলা যিনি কখনও সন্তানের জন্ম দেননি, তিনি গিয়ে তাকে বলেন, "তুমি এত চিন্তিত কেন? কেন বেকার চিন্তা করছো? তুমি চিৎকার করছো কেন? যদি একটি শিশু জন্মগ্রহণ করে, তাহলে তা হতে দাও, কাঁদছো কেন?" ঠিক আছে, যে সন্তানের জন্ম দেয়নি সে এটা বলতেই পারে। পুরুষরা কখনই বুঝতে পারে না যে... একজন মহিলাকে প্রসবের সময় কী যন্ত্রণা সহ্য করতে হয়। তারা কল্পনাও করতে পারে না; কী ঘটছে তা বোঝানোর কোনও উপায় নেই।

কিন্তু ধ্যানের ক্ষেত্রে, পুরুষ এবং মহিলা সমান - সকলেই এক অর্থে মা হন, কারণ তাদের মধ্যে নতুন কিছু জন্মগ্রহণ করে। তাই, ব্যথা দমন করার কোনও প্রয়োজন নেই, কান্না দমন করার কোনও প্রয়োজন নেই, যে কেউ ঘুরে দাঁড়াতে পারে এবং চিৎকার করতে শুরু করে, তাকে থামানোর কোনও প্রয়োজন নেই। কারও সাথে যা ঘটছে তা সম্পূর্ণ হোক, প্রবাহিত হতে দিন, এবং থামাবেন না।

-ওশো

জিন খোজো তিন পাইয়া

পূর্ণ শক্তি নিয়োগ করুন

কাল সকালে যখন আমরা মিলিত হব এবং এই শক্তি জাগ্রত করার জন্য কাজ করব, তখন আমি আশা করব যে আপনি নিজের ভেতরে

এমন কিছু রাখবে না যা আপনি বাজি ধরে রাখেননি। এটা কোনও ছোট খাটো জুয়া নয়। যারা পুরোপুরি বিনিয়োগ করে তারাই কেবল পুরষ্কার পাবে। এক ইঞ্চিও বাঁচানোর অর্থ অনেক কিছু হারানো হতে পারে। কারণ বীজের পক্ষে এটা বলা অসম্ভব যে, "আমাকে একটু বাঁচতে দাও, বাকিটা গাছ হয়ে যাক।" যদি বীজ মারা যায়, তাহলে তা সম্পূর্ণরূপে মারা যাবে, আর যদি বেঁচে থাকে, তাহলে তা সম্পূর্ণরূপে বেঁচে থাকবে। আংশিক মৃত্যু বলে কিছু নেই। তাই, সামান্য সঞ্চয়ও প্রচেষ্টার অপচয় হবে। সম্পূর্ণরূপে হাল ছেড়ে দিন। কখনও কখনও, সামান্য সঞ্চয়ের জন্য সবকিছু হারাতে হতে পারে।

আমি শুনেছি যখন কলোরাডোতে প্রথম সোনার খনি আবিষ্কৃত হয়, তখন পুরো আমেরিকা কলোরাডোতে ছুটে গিয়েছিল। খবর ছড়িয়ে পড়ে যে, একটি ছোট জমি কিনলেও তাতে সোনা পাওয়া যাবে। লোকেরা জমি কিনতে শুরু করে। একজন কোটিপতি তার সমস্ত সম্পদ বিনিয়োগ করে একটি সম্পূর্ণ পাহাড় কিনে ফেলেন, বিশাল যন্ত্রপাতি স্থাপন করা হয়। ছোট ছোট লোকেরা ছোট ছোট জমিতে সোনার জন্য খনন করছিল, তাই তিনি পাহাড়টি কিনেছিলেন, বড় বড় যন্ত্রপাতি এনেছিলেন, ব্যাপকভাবে খনন করি শুরু হয়, কিন্তু সোনার কোনও চিহ্ন খুঁজে পাননি। তারপর আতঙ্ক ছড়িয়ে পড়ে। কারণ এর জন্য তিনি অনেক বড় ঝুঁকি নিয়ে ফেলেছিলেন। তারপর তিনি খুব ঘাবড়ে যান। তিনি তার পরিবারকে জানান যে তার পক্ষে বাঁচা অসম্ভব, সোনা পাওয়ার আশায় তিনি অনেক বড় ঝুঁকি নিয়ে ফেলেছিলেন,কিন্তু সেখানে সোনার কোনও চিহ্ন নেই। তারপর তিনি একটি বিজ্ঞাপন দেন যেখানে বলা হয়, "আমি পুরো পাহাড়টি বিক্রি করতে চাই - যন্ত্রপাতি এবং সমস্ত খনন সরঞ্জাম সহ।" তার পরিবার জিজ্ঞাসা করে, "কে কিনবে এই গুলি?" খবর ছড়িয়ে পড়েছিল যে, ওই পাহাড়ে কোনও সোনা নেই। কোন পাগল তা কিনতে চাইবে? কিন্তু তিনি বলেছিলেন, "কেউ কিনতে পারে!"

অবশেষে একজন ক্রেতা পাওয়া গেল। ''তাকে সেই পাহাড় বিক্রি করার সময়ও আমার মনে হচ্ছিল তাকে পাগলের মতো আচরণ করতে মানা করা উচিত, কারণ এর পিছনেই আমি সর্বস্বান্ত হয়েছি, কিন্তু বলার সাহস জোগাড় করতে পারিনি, কারণ যদি সে এটি না

কেনে? শেষ পর্যন্ত আমি এটি বিক্রি করে দিই। বিক্রি করার পরে, আমি বললাম, "তোমাকে অদ্ভুত পাগল বলে মনে হচ্ছে, আমি ধ্বংস হয়ে যাওয়ার পর এটি বিক্রি করছি।" কিন্তু লোকটি বলে, "জীবনের কোনও গ্যারান্টি নেই... তুমি যতদূর খনন করেছ ততদূর সোনা নাও থাকতে পারে, তবে আরও অনেক দূরে থাকতে পারে। আর তুমি বলতে পারো না যে যেখানে খনন করেছ সেখানে সোনা থাকবে না।" সে বলল, "আমিও তা বলতে পারছি না। আর আশ্চর্যের বিষয় হল, মাঝে মাঝে এমন আশ্চর্য ঘটনা ঘটে। প্রথম দিনেই মাত্র এক ফুট গভীরে সোনার খনি খুঁজে পাওয়া যায়। যে লোকটি প্রথমে পাহাড়টি কিনেছিলেন তিনি কেঁদে হা হুতাশ করছিলেন,তার কান্না কিছুতেই থামছিল না, কারণ পুরো পাহাড়টি সোনায় ভরা ছিল। তিনি লোকটির সাথে দেখাও করতে যান...এবং তিনি বলেন, "তোমার ভাগ্য দেখো!" লোকটি বলল, "এটা ভাগ্য নয়, তুমি তোমার সুযোগ গ্রহণ করনি, তুমি সম্পূর্ণ খনন করার আগেই ফিরে এসেছ। তুমি আরও এক ফুট খনন করতে পারতে।"

আমাদের জীবনে প্রতিদিনই এমনটা ঘটে। আমি এমন অনেক লোককে চিনি যারা ঈশ্বরের জন্য খনন করে, কিন্তু তারা সম্পূর্ণরূপে খনন করে না, তারা অর্ধেক খনন করে, তারা উপরিভাগে খনন করে এবং তারপর পিছনে ফিরে যায়। কখনও কখনও তারা এমনকি এক ইঞ্চি বাকি থাকতেই ফিরে যায় - কেবল এক ইঞ্চি। ফাঁক থেকে যায়, এবং তারা পিছনে ফিরে যেতে শুরু করে। এবং কখনও কখনও আমি স্পষ্ট দেখতে পাই যে এই ব্যক্তি পিছনে ফিরে যাচ্ছে। সে কাছে এসেছিল, এবং ঘটনাটি যে কোনও মুহূর্তে ঘটতে পারত। অথচ সে পিছনে ফিরে গেল।

তাহলে, নিজের মধ্যে? একটা জিনিস মনে রাখবেন: কিছুতেই কিছু আঁকড়ে ধরবেন না; আপনার সর্বস্ব দান করুন। আর যদি আপনি ঈশ্বরকে কিনতে চান, তাহলে আমাদের দেওয়ার মতো কী কী আছে দেখুন। আমরা কৃপণ; কৃপণের মতো কাজ করবেন না। অন্তত ঈশ্বরের দরজায় কৃপণদের জন্য কোনও স্থান নেই। আপনাকে সেখানে আপনার সর্বস্ব দিতে হবে।

না, এটা এমন নয় যে আমাদের অনেক কিছু দেওয়ার আছে; এটা আমাদের কাছে দেওয়ার কী আছে তা নিয়ে প্রশ্ন করেনা, প্রশ্ন হল

আমরা কী দিচ্ছি, কতটা দিচ্ছি। কারণ যখন আমরা সব কিছু দিয়ে দিই, তখন আমরা সেই বিন্দুতে পৌঁছাই যেখানে শক্তি থাকে এবং যেখান থেকে শক্তি উঠতে শুরু করে। আসলে, কেন এত জোর দেওয়া হয়? যখন আমরা আমাদের সমস্ত শক্তি রাখি তখনই সেই শক্তি বৃদ্ধি পায়। ততক্ষণ পর্যন্ত জলাধার (সুরক্ষিত শক্তি) প্রয়োজন হয় না। যতক্ষণ পর্যন্ত আমাদের শক্তি অবশিষ্ট থাকে, ততক্ষণ কাজ করার জন্য এটি যথেষ্ট। তাই, আমাদের ভিতরের রিজার্ভ ফোর্সগুলি তখনই প্রয়োজন যখন আমাদের কোনও শক্তি থাকে না। তারপর যখন আমরা আমাদের সমস্ত শক্তি রাখি তখন তাদের প্রয়োজন হয় এবং সেই কেন্দ্রটি সক্রিয় হয়ে ওঠে। এখন সেখান থেকে শক্তি উপর দিকে তোলার প্রয়োজন। অন্যথায়, কোনও প্রয়োজন হত না।

—ওশো

জিন খোজা তিন পাইয়া

"কয়েক বছর ধরে ক্যাথার্সিস কৌশল নিয়ে কাজ করার পর, আমি অনুভব করছি যে আমার ভেতরে একটা গভীর অভ্যন্তরীণ শৃঙ্খলা, ভারসাম্য এবং কেন্দ্রিকতা বিকশিত হচ্ছে।"

এখনই কোনও গোলমাল তৈরি করবেন না, এটা ঘটতে দিন। এখন সেই একই মন হস্তক্ষেপ করছে। মন বলছে, "এটা কীভাবে ঘটতে পারে? আমাকে প্রথমে বিশৃঙ্খলার মধ্য দিয়ে যেতে হবে।" এই চিন্তা বিশৃঙ্খলা তৈরি করতে পারে। আমি যা লক্ষ্য করেছি: মানুষ শান্তির জন্য আকুল, এবং যখন এটি ঘটতে শুরু করে, তারা এটি বিশ্বাস করতে পারে না। এটি এত ভালো যে এটি অবিশ্বাস্য। বিশেষ করে যারা সবসময় নিজেরাই ঘুমিয়ে থাকে, তারা বিশ্বাস করতে পারে না যে এটি তাদের সাথে ঘটছে। "অসম্ভব।" এটি বুদ্ধ বা যীশুর সাথে ঘটেছে, কিন্তু আমার সাথে? না, এটি অসম্ভব। তারা আমার কাছে আসে, শান্তিতে, নীরবতায়, এই ঘটনার জন্য অস্থির হয়ে। "এটি কি বাস্তব, নাকি আমি এটি কল্পনা করছি?" কেন চিন্তা করবেন? যদিও এটি কল্পনা, এটি রাগ কল্পনা করার চেয়ে ভাল, এটি লালসা কল্পনা করার চেয়ে ভাল।

শান্তির কল্পনা করা যায় না, আর আমি আপনাকে বলছি, কেউ শান্তি কল্পনা করতে পারে না। কল্পনার জন্য একটা রূপের প্রয়োজন;

নীরবতার কোনও আকৃতি নেই। কল্পনা মানে প্রতিচ্ছবির চিন্তা করা, আর নীরবতার কোনও প্রতিচ্ছবি নেই। আপনি জ্ঞানার্জন, সমাধি, নীরবতার কল্পনা করতে পারেন না। কল্পনার জন্য একটা ভিত্তি, একটা রূপের প্রয়োজন, আর নীরবতা হল নিরাকার, অবর্ণনীয়। কেউ কখনও এর ছবি আঁকেনি, কেউ তা পারে না। কেউ এর মূর্তি তৈরি করেনি, কেউ তা করতে পারে না।

আপনি নীরবতার কল্পনা করতে পারেন না। মনে চালাকি চলছে। মন বলবে, "এটা নিশ্চয়ই একটা কল্পনা। এটা আপনার পক্ষে কীভাবে সম্ভব? আপনার মতো এত বোকা মানুষ, আর নীরবতা আপনার সাথেই ঘটছে? আপনি নিশ্চয়ই এর কল্পনা করছেন।" অথবা, "এই মানুষ, ওশো, আপনাকে সম্মোহিত করেছে। আপনি নিশ্চয়ই নিজেকে প্রতারিত করছেন।" এরকম সমস্যা তৈরি করবেন না। জীবনে এমন সমস্যা যথেষ্ট। যখন নীরবতা দেখা দিয়েছে, তখন আনন্দ করুন, উদযাপন করুন। এর মানে হল বিশৃঙ্খল শক্তিগুলি মুক্ত হয়ে গিয়েছে। মন তার শেষ খেলা খেলছে। এটি একেবারে শেষ পর্যন্ত, সম্পূর্ণরূপে, পরম ভাবে শেষ পর্যন্ত খেলছে। এমনকি শেষ মুহূর্তেও, যখন জ্ঞানার্জন হতে চলেছে, মন তার শেষ কৌশল খেলছে। এটিই চূড়ান্ত যুদ্ধ।

এটা বাস্তব না অবাস্তব, অথবা বিশৃঙ্খলা আসবে কিনা তা নিয়ে চিন্তা করবেন না। এভাবে চিন্তা করুন, আপনি ইতিমধ্যেই বিশৃঙ্খলা এনেছেন। আপনার চিন্তাই বিশৃঙ্খলা তৈরি করতে পারে, এবং যখন এটি তৈরি হয়, তখন মন বলবে, "এখন এটা নিয়ে ভাব! আমি ইতিমধ্যেই তোমাদের সাথে এটা করেছি।"

মন খুবই স্বাবলম্বী। প্রথমে, এটি আপনাকে বীজ দেয়, এবং যখন এটি প্রস্‌ফুটিত হয়, তখন মন বলে, "দেখো, আমি তোমাকে আগেই বলেছিলাম যে তুমি প্রতারিত হয়েছ।" বিশৃঙ্খলা ইতিমধ্যেই এসে গিয়েছে, এবং এটি চিন্তার জন্যই তৈরি হয়েছে। তাহলে ভবিষ্যতে বিশৃঙ্খলা আসবে কিনা তা নিয়ে কিসের চিন্তা? এটা কেটে গিয়েছে কি না? এখনও, তুমি চুপ করে আছো, কেন তুমি এটা উদযাপন করো না? এবং আমি তোমাকে বলছি, যদি তুমি উদযাপন করো, তাহলে তা বৃদ্ধি পায়।"

চেতনার জগতে উদযাপন জরুরি: চেতনার এই জগতে উদযাপনের মতো আর কিছুই সহায়ক নয়। উদযাপন হল একটি গাছে জল দেওয়ার মতো। উদ্বেগ উদযাপনের ঠিক বিপরীত; এটি শিকড় কেটে ফেলার মতো। আনন্দ অনুভব করুন। নীরবতার সাথে নাচুন। এটি এই মুহুর্তে আছে - যথেষ্ট। আরও দাবি কিসের? আগামীকাল নিজেই নিজের যত্ন নেবেন। এই মুহূর্তটি নিজেই যথেষ্ট; কেন এটিকে বাঁচাবেন না? কেন এটি উদযাপন করবেন না, ভাগ করে নেবেন না, এর জন্য আনন্দ করবেন না? এটিকে সৃজনশীল হতে দিন। আপনার নীরবতাকে সৃজনশীল হতে দিন, এটি দিয়ে কিছু করুন।

লক্ষ লক্ষ জিনিস সম্ভব কারণ নীরবতার চেয়ে সৃজনশীল আর কিছুই নেই। একজন মহান চিত্রশিল্পী হওয়ার, পিকাসোর মতো বিশ্বখ্যাত হওয়ার কোনও প্রয়োজন নেই। হেনরি মুর হওয়ার কোনও প্রয়োজন নেই, একজন মহান কবি হওয়ার কোনও প্রয়োজন নেই। মহত্ত্বের সেই উচ্চাকাঙ্ক্ষাগুলি মনের, নীরবতার নয়।

যতই সহজ হোক না কেন, নিজের মতো করে একটা ছবি আঁকুন। যতই সাধারণ হোক না কেন, নিজের মতো করে কিছু লিখুন। নিজের মতো করে একটা গান গান, একটু নাচুন, উদযাপন করুন। আপনি দেখতে পাবেন যে পরের মুহূর্ত আরও নীরবতা বয়ে আনে। আপনি জানবেন যে আপনি যত বেশি উদযাপন করবেন, তত বেশি আপনাকে দেওয়া হবে। যত বেশি ভাগ করবেন, তত বেশি আপনি গ্রহণ করতে সক্ষম হবেন। প্রতিটি মুহূর্ত বৃদ্ধি পাবে, বৃদ্ধি পেতে থাকবে।

পরের মুহূর্ত এই মুহূর্ত থেকেই উদ্ভূত হবে, এবং পরের মুহূর্ত সর্বদা এই মুহূর্ত থেকেই উদ্ভূত হবে, তাহলে কেন এটা নিয়ে চিন্তা করবেন? যদি এই বর্তমান মুহূর্তটি শান্তিপূর্ণ হয়, তাহলে পরের মুহূর্তটি কীভাবে বিশৃঙ্খল হতে পারে? কোথা থেকে আসবে? এই মুহূর্ত থেকেই এর উদ্ভব হতে হবে।

যদি আমি এই মুহূর্তে খুশি থাকি, তাহলে পরের মুহূর্তেও অসুখী হতে পারি

যদি আপনি পরের মুহূর্তে অসুখী থাকতে চান, তাহলে আপনাকে এই মুহূর্তে অসুখী হতে হবে, কারণ সুখের উৎপত্তি হয় অসুখ থেকেই।

পরের মুহূর্তে আপনি যা পেতে চান, এখনই তা বপন করতে হবে। একবার উদ্বেগ ঢুকে গেলে আপনি ভাবতে শুরু করেন যে বিশৃঙ্খলা আসবে, তাতে করে তা আসবেই। আপনি ইতিমধ্যেই তা এনে ফেলেছেন। এখন আপনাকে এটিকে কাছে রাখতে হবে; এটি আসবেই। পরবর্তী মুহূর্তের জন্য অপেক্ষা করার দরকার নেই; এটি ইতিমধ্যেই আছে।

একবার ভেবে দেখুন, আর এটা সত্যিই একটা অদ্‌ভুত ব্যাপার: যখন আপনি দুঃখী থাকেন, তখন আপনি কখনও ভাবেন না যে এটি কাল্পনিক হতে পারে। আমি কখনও এমন কাউকে দেখিনি যে দুঃখী হয়ে আমাকে বলে, 'হয়তো এটা কেবল কাল্পনা।' দুঃখ সম্পূর্ণ বাস্তব। কিন্তু সুখ? - সাথে সাথে কিছু ভুল হয়ে যায় এবং আপনি ভাবতে শুরু করেন, 'হয়তো এটা কেবল কাল্পনা।' যখন আপনি চাপে থাকেন, আপনি কখনই ভাবেন না যে এটি কাল্পনিক। যদি আপনি ভাবতে পারেন যে আপনার চাপ এবং ব্যথা কাল্পনিক, তাহলে তারা অদৃশ্য হয়ে যাবে। এবং যদি আপনি মনে করেন যে আপনার শান্তি এবং সুখ কাল্পনিক, তাহলে তারা অদৃশ্য হয়ে যাবে।

আপনি নিজের জগতের স্রষ্টা। যাকে বাস্তব বলে মনে করা হয়, তা বাস্তব হয়ে ওঠে। যাকে অবাস্তব বলে মনে করা হয়, তা অবাস্তব হয়ে যায়। আপনি আপনার চারপাশের সমগ্র জগতের স্রষ্টা; এটা মনে রেখবেন। সুখ এবং আনন্দের মুহূর্ত খুঁজে পাওয়া খুবই বিরল। চিন্তা করে তা নষ্ট করবেন না। কিন্তু যদি আপনি কিছুই না করেন—যদি আপনি না নাচেন, যদি গান না গান, যদি আপনি ভাগাভাগি না করেন—তবে সম্ভাবনা আছে। যে শক্তি সৃজনশীল হতে পারে, সেই একই শক্তি উদ্বেগ তৈরি করবে। এটি ভেতরে নতুন উত্তেজনা তৈরি করতে শুরু করবে।

শক্তিকে সৃজনশীল হতে হবে। যদি আপনি তা সুখের জন্য ব্যবহার না করেন, তাহলে তা সুখ এবং অসুখের জন্য ব্যবহার করা হবে। আপনার অভ্যাস এতই গভীর যে শক্তির প্রবাহ তার জন্য খুব মুক্ত এবং স্বাভাবিক। সুখ আনা একটি শ্রমসাধ্য কাজ।

তাই প্রথম কয়েকদিন, আপনাকে ক্রমাগত সচেতন থাকতে হবে। যখনই আনন্দের মুহূর্ত আসে, তখন তাকে আঁকড়ে ধরতে দিন,

আপনাকে মোহিত করতে দিন। এটাকে এতটা উপভোগ করুন যাতে পরের মুহূর্তটি আর আলাদা হতে না পারে। এটা কোথা থেকে আলাদা হবে? কোথা থেকে আসবে?

আপনার সময় আপনার। আপনার সময় আমার সময় নয়। মনের মতো অনেক সমান্তরাল সময় আছে। কোনও একক সময় নেই। যদি কেবল একটি সময় থাকত, তাহলে তা কঠিন হত। তাহলে, সমস্ত দুঃখী মানবতার মধ্যে, কোন বুদ্ধ থাকতে পারতেন না, কারণ আমরা একই সময়কে সম্বোধন করতাম। না, এটি এক নয়। আমার সময় আমার কাছ থেকে আসে - এটি আমার সৃষ্টি। যদি সেই মুহূর্তটি সুন্দর হয়, তাহলে পরবর্তী মুহূর্তটি আরও সুন্দর হয়ে জন্মগ্রহণ করে - এটি আমার সময়। যদি এই মুহূর্তটি আপনার জন্য দুঃখজনক হয়, তবে আরও দুঃখজনক মুহূর্ত আপনার কাছ থেকে জন্মগ্রহণ করবে - এটি আপনার সময়।

– ওশো

দ্যা সায়েন্স অফ দ্যা সোল

অবদমিত আবেগ এবং মানসিক-শারীরিক সৌন্দর্য

সবাই পেটে অনেক কিছু চেপে রাখার চেষ্টা করে, কারণ শরীর একমাত্র এমন জায়গা যেখানে আপনি জিনিসপত্র দমন করে রাখতে পারেন। অন্য কোনও জায়গা নেই। যদি আপনি কিছু দমন করতে চান, তাহলে আপনাকে পেটেই তা দমন করতে হবে।

যদি আপনি নিজের পেটে তা দমন করেন... যেমন সবাই বিভিন্ন ধরণের আবেগ দমন করে রাখে - ভালোবাসা, কাম, রাগ, দুঃখ, কান্না, এমনকি হাসি। আপনি খোলাখুলি হাসতেও পারেন না। এটা অসম্পূর্ণ মনে হয়, এটা অশ্লীল মনে হয় - তাহলে আপনি সংস্কৃতিবান হতে পারবেন না, আপনাকে অগভীরভাবে শ্বাস নিতে হবে। কারণ আপনি যদি গভীরভাবে শ্বাস নেন, তাহলে দমনের ফলে সৃষ্ট ক্ষতগুলি আবার জেগে উঠবে। আপনি ভয় পাচ্ছেন। যে কেউ পেটে চেপে রাখতে ভয় পায়।

যখন পেটে অত্যধিক বিষয় দমিয়ে রাখে হয়, তখন শরীর দুটি ভাগে বিভক্ত হয়ে যায় - নিম্ন এবং উচ্চ। তারপর আপনি আর এক

থাকেন না; আপনিও দুটি হয়ে যান। নিম্ন অংশটি হল নিন্দিত অংশ। ঐক্য হারিয়ে যায়, দ্বৈত মনোভাব আপনার সত্তায় প্রবেশ করে। এখন আপনি আর সুন্দর থাকতে পারেন না। আপনি একটির পরিবর্তে দুটি দেহ বহন করেন। এবং তাদের মধ্যে সর্বদা একটি দূরত্ব থাকবে। আপনি সুন্দরভাবে হাঁটতে পারেন না; আপনাকে নিজের পা টেনে আনতে হবে। আসলে, যদি শরীর এক হয়, তাহলে আপনার পা আপনাকে বহন করে। যদি শরীর দুটি ভাগে বিভক্ত হয়, তাহলে আপনাকে নিজের পা টেনে রাখতে হবে। আপনাকে নিজের শরীর বহন করতে হবে। এটা বোঝার মতো মনে হবে। আপনি তা উপভোগ করতে পারেন না। আপনি হাঁটা উপভোগ করতে পারেন না, আপনি সাঁতার উপভোগ করতে পারেন না, আপনি দ্রুত দৌড়ানো উপভোগ করতে পারেন না - কারণ শরীর এক নয়। এই সমস্ত নড়াচড়ার জন্য এবং সেগুলি উপভোগ করার জন্য, শরীরকে আবার একত্রিত করতে হবে। একটি নির্দিষ্ট অখণ্ডতা পুনর্নির্মাণ করতে হবে: পেট সম্পূর্ণরূপে পরিষ্কার করতে হবে।

আর পাকস্থলী পরিষ্কার করার জন্য, খুব গভীর শ্বাস-প্রশ্বাসের প্রয়োজন, কারণ যখন আপনি গভীরভাবে শ্বাস নেন এবং গভীরভাবে শ্বাস ছাড়েন, তখন পাকস্থলী তার বহন করা সবকিছু বাইরে ফেলে দেয়। শ্বাস ছাড়ার সময়, পাকস্থলী নিজেকে মুক্ত করে। এই কারণেই প্রাণায়াম, গভীর শ্বাস-প্রশ্বাস, এত গুরুত্বপূর্ণ।

আর যখন পাকস্থলী এই দমন করা আবেগ থেকে মুক্ত হয়, যদি আপনার কোষ্ঠকাঠিন্য থাকে, তাহলে তা হঠাৎ অদৃশ্য হয়ে যাবে। যখন আপনি পেটের মধ্যে আবেগ দমন করেন, তখন কোষ্ঠকাঠিন্য দেখা দেবে কারণ পাকস্থলী শক্ত হয়ে যায়। আপনি পাকস্থলীকে সীমাবদ্ধ করার চেষ্টা করছেন; আপনি এটিকে স্বাধীনভাবে চলতে দিচ্ছেন না। সুতরাং, যদি আবেগ দমন করা হয়, তাহলে কোষ্ঠকাঠিন্য হবে। কোষ্ঠকাঠিন্য শারীরিক রোগের চেয়ে মানসিক রোগ বেশি। এটি শরীরের চেয়ে মনের সাথে বেশি সম্পর্কিত।

কিন্তু মনে রাখবেন, আমি মন এবং শরীরকে ভাগ করছি না। তারা একই ঘটনার দুটি দিক। মন এবং শরীর দুটি ভিন্ন জিনিস নয়। আসলে, "মন এবং শরীর" বলা ঠিক নয়: একে "মনের দেহ" বলা আরও উপযুক্ত

হবে। আপনার শরীর একটি মনোদৈহিক ঘটনা। মন শরীরের সূক্ষ্ম অংশ, এবং শরীর মনের স্থূল অংশ। এবং তারা উভয়ই একে অপরকে প্রভাবিত করে; তারা একসাথে চলে। আপনি যদি আপনার মনের মধ্যে কিছু দমন করেন, তাহলে শরীরে গ্রন্থি তৈরি হতে শুরু করবে। মন যদি স্বস্তি পায়, তাহলে শরীরও হালকা হয়ে যায়। এই কারণেই আমি ক্যাথারসিসের উপর এত জোর দিই। ক্যাথারসিস একটি শুদ্ধিকরণ প্রক্রিয়া।

স্ক্রিম থেরাপি

মনোবিজ্ঞানীরা বলেন, শিশুর কান্নার কৌশল হল মানসিক চাপ দূর করার একটি উপায়, এবং একটি শিশু অনেক চাপের মধ্যে থাকে। শিশুটি ক্ষুধার্ত থাকে, মা বাইরে থাকে, অথবা মা কাজে ব্যস্ত থাকে। শিশুটিও রেগে যায়, এবং শিশুটি কাঁদলে রাগের প্রকাশ ঘটে এবং তখন শিশুটি হালকা হয়ে যায়। কিন্তু মা তাকে কাঁদতে দেয় না।

মনোবিজ্ঞানীরা বলেন, যেকোনও শিশুকে কাঁদতে দেওয়া উচিত, তাকে ভালোবাসা দিন, কিন্তু কাঁদার সময় তাকে বাধা দেওয়ার চেষ্টা করবেন না। আমরা সাধারণত কী করি? আমরা শিশুটিকে একটি খেলনা দিই এবং তাকে বলি না কাঁদতে। শিশুর মন বিমুখ হয়ে যায়। সে খেলনাটি নিয়ে ব্যস্ত হয়ে পড়ে। কিন্তু ভেতরে যে কান্নার প্রক্রিয়া চলছিল তা বন্ধ হয়ে যায়, এবং যে অশ্রু প্রবাহিত হওয়া উচিত ছিল তা আটকে যায়। এবং হৃদয়ের যে বোঝা হালকা হয়ে যেত, তা হালকা হয় না। সে খেলনাটি নিয়ে খেলতে শুরু করে, কিন্তু এই কান্না বন্ধ করলে কী হবে? এই বিষ জমা হতে শুরু করে।

মনোবিজ্ঞানীরা বলেন যে, যখন একটি শিশু নিজের মধ্যে এত বিষ জমা করে, তখন তা তাদের কষ্টের কারণ হয়ে ওঠে, এবং তারা দুঃখেই থাকবে। আপনি এত দুঃখী দেখান, কিন্তু আপনি বুঝতে পারেন না যে এই দুঃখ সেখানে থাকতে পারত না। যদি আপনি মনপ্রাণ দিয়ে কেঁদে থাকেন, তাহলে এই অশ্রু আপনার পুরো জীবনকে ঢেকে দিত না; এগুলি চলে যেত। আর সব ধরণের কান্না থেরাপিউটিক। হৃদয় হালকা হয়ে যায়। কান্না কেবল অশ্রু ঝরায় না; ভেতরের দুঃখ, ভেতরের রাগ, ভেতরের আনন্দ এবং ভেতরের আবেগও অশ্রুর মাধ্যমে বেরিয়ে আসে এবং ভেতরে কিছুই জমা হয় না।

তাই, স্ক্রিম থেরাপি অনুশীলনকারীরা বলেন যে যখনই একজন ব্যক্তি মানসিকভাবে অসুস্থ হন, তখন তাকে এত গভীরভাবে কাঁদতে হবে যাতে তার সত্তার প্রতিটি তন্তু, তার হৃদয়ের প্রতিটি কণা, প্রতিটি নিঃশ্বাস, প্রতিটি হৃদস্পন্দন কান্নার সাথে জড়িত হয়ে পড়ে। তার এমন একটি কান্নার প্রয়োজন যা তার সমগ্র সত্তা থেকে আসে, যেখানে চিৎকার নিজেই কান্নায় পরিণত হয়।

হাজার হাজার মানসিকভাবে অসুস্থ মানুষ কান্নার মাধ্যমে আরোগ্য লাভ করেছে, এবং কান্না নিজেই তাদের অসংখ্য রোগ থেকে মুক্তি প্রদান করে। কিন্তু সেই কান্না নিজের ভেতরে জাগিয়ে তোলা অবিশ্বাস্যরকম কঠিন। কারণ আপনি এতটাই দমন করেন যে, কাঁদলেও তা মিথ্যা কান্না বলে মনে হয়। আপনার সমগ্র সত্তা এতে জড়িত নয়। আপনার কান্না কৃত্রিম। আপনি অন্তর দিয়ে কাঁদেন না। আপনার চোখ থেকে অশ্রু ঝরে, হৃদয় থেকে নয়। কিন্তু কান্না এমন হওয়া উচিত যাতে তা আপনার নাভি থেকে উঠে আপনার পুরো শরীরকে ঘিরে ফেলে। আপনি ভুলে যান যে আপনি কান্না থেকে আলাদা; আপনি নিজেই কান্না হয়ে ওঠেন।

তাই মনোবিজ্ঞানীদের আপনাকে কাঁদতে শেখাতে প্রায় তিন মাস সময় লাগে। তিন মাস ধরে একটানা পরীক্ষা-নিরীক্ষার মাধ্যমে, আপনি গভীরভাবে অনুপ্রাণিত হন।

এই থেরাপির অনুশীলনকারীরা কী করেন? তারা আপনাকে মাটিতে শুইয়ে দেয়, এবং আপনাকে সেখানে শুয়ে থাকতে বলে, আপনি নিজের মনে যে দুঃখ আসে তা চেপে রাখেন না; তা বাইরে বের করে দেন। যদি কাঁদতে ইচ্ছে করে, কাঁদবেন; যদি চিৎকার করতে ইচ্ছে করে, চিৎকার করবেন।

তিন মাস ধরে, একজন মানুষ প্রতিদিন এক বা দুই ঘণ্টা ধরে শিশুর মতো মাটিতে শুয়ে থাকে। একদিন, এমন একটি মুহূর্ত আসে যখন তার হাত-পা বিদ্যুৎ প্রবাহে কাঁপতে থাকে। সে চোখ বন্ধ করে, যেন সে জ্ঞান হারিয়ে ফেলেছে, এবং একটি ভয়ঙ্কর চিৎকার শুরু হয়। কখনও কখনও সেই চিৎকার ঘণ্টার পর ঘণ্টা চলতে থাকে। লোকটিকে সম্পূর্ণ পাগল বলে মনে হয়। কিন্তু সেই চিৎকারের পরে, তার সমস্ত মানসিক সমস্যা অদৃশ্য হয়ে যায়।

আমি আপনাকে যে ধ্যানের কথা বলছি তা একটি ধ্যান অনুশীলন। যতক্ষণ না আপনার কান্না, হাসি, নাচ, চিৎকার, পাগল হওয়ার আবেগগুলি সমাধান না হয়, আপনি ধ্যানে প্রবেশ করতে পারবেন না। এগুলিই বাধা।

আপনি শান্ত হওয়ার চেষ্টা করছেন, তবুও আপনার ভিতরে এমন শক্তি রয়েছে যা মুক্তি পেতে চায়। আপনার পরিস্থিতি ফুটন্ত চায়ের কেটলির মতো। ঢাকনা বন্ধ। ঢাকনার উপর পাথর রাখা হয়েছে, এবং কেটলির মুখটিও বন্ধ করে দেওয়া হয়েছে। এবং নীচে আগুন জ্বলছে। যে বাষ্প জমেছে তাতে কেটলি ফেটে যাবে, যার ফলে বিস্ফোরণ ঘটবে। দশ বা পাঁচজন মানুষ মারাও যেতে পারে।

এই বাষ্পটি বেরিয়ে যেতে দিন। এই বাষ্পটি বেরিয়ে গেলে, আপনি সতেজ হয়ে উঠবেন, এবং তারপর ধ্যানের অনুশীলন শুরু হতে পারে।

জার্মানির একটি বিখ্যাত সাইকিয়াট্রিক স্যানেটোরিয়ামে গতিশীল ধ্যান এবং কুণ্ডলিনী ধ্যান।

জার্মান ডাক্তার জোয়াকিম গ্লুস্কা মানসিকভাবে অসুস্থদের জন্য একটি মানসিক হাসপাতাল পরিচালনা করেন। হেইলিজেনফেল্ড নামক এই স্যানেটোরিয়ামে, ওশো ধ্যান কৌশলগুলি শুরু থেকেই চিকিৎসা পদ্ধতির একটি অপরিহার্য অংশ হয়ে দাঁড়িয়েছে। গতিশীল ধ্যান সম্পর্কে তিনি বলেন, "আমার মতে, গতিশীল ধ্যান একটি সবচেয়ে শক্তিশালী পদ্ধতি। এটি অবচেতন মনের অনেক অংশ উন্মোচিত করে।"

তার অভিজ্ঞতা হল গতিশীল ধ্যান "সাধারণ মানুষের জন্য চিকিৎসার একটি চমৎকার পদ্ধতি। এই ধরনের লোকেদের এটি চেষ্টা করা উচিত - তবেই তারা জানতে পারবে এটি তাদের জন্য কী করতে পারে।"

ডাঃ গ্লুস্কা অস্বাভাবিক মানসিক ব্যাধিযুক্ত রোগীদের জন্য কুণ্ডলিনী ধ্যানের পরামর্শ দেন। তিনি বলেন, "ওশোর ধ্যান পদ্ধতির বৈশিষ্ট্য হল তা শরীরের শক্তিকে সঞ্চারিত করে এবং কুণ্ডলিনী ধ্যান এটিকে খুব মৃদু এবং ছন্দময় উপায়ে ঘটতে দেয়।"

গতিশীল ধ্যানের মাধ্যমে মনোদৈহিক অসুস্থতার চিকিৎসা

ডাঃ রায়না ফালক, একজন মনোরোগ বিশেষজ্ঞ এবং স্নায়ু বিশেষজ্ঞ, প্রতি মাসে তার রোগীদের সাথে ২১ দিনের গতিশীল ধ্যান পরিচালনা করেন। তিনি ব্যাখ্যা করেন, "আমার কাছে আসা রোগীদের দুটি ভাগে ভাগ করা যেতে পারে। কেউ কেউ মাইগ্রেন, পেটের সমস্যা, হৃদরোগ, পিঠের ব্যথা ইত্যাদির মতো মানসিক অসুস্থতায় ভোগেন। এই রোগীদের সাথে ডাক্তার অসহায় বোধ করেন। এবং অন্যরা বিষণ্নতা বা সুপ্ত আগ্রাসনে ভোগেন। গতিশীল ধ্যান উভয় ধরণের রোগীদের জন্যই অত্যন্ত উপকারী প্রমাণিত হয়েছে।" গবেষণার উদ্দেশ্যে ফালক তার রোগীদের গতিশীল ধ্যান করতে বাধ্য করেন না; তিনি নিজে এটি করতে পছন্দ করেন।

তাদের পূর্ববর্তী ২১ দিনের পরীক্ষায়, একজন ব্যক্তির কাঁধ এবং হাতে এত ব্যথা হচ্ছিল যে তাকে প্রতিদিন ইনজেকশন দেওয়ার প্রয়োজন হচ্ছিল। তবেই তিনি তার হাত নাড়াতে পারতেন। সকালের গতিশীল ধ্যানের পর, তিনি বুঝতে পারেন যে তিনি সম্ভাব্য সকল উপায়ে এটি নাড়াতে পারেন।

বিষণ্নতায় ভুগছিলেন এমন আরেক ব্যক্তি, এক সপ্তাহ গতিশীল ধ্যানের পর, তার স্ত্রীর সাথে সারা রাত নাচলেন।

"তিনি উচ্ছ্বসিত ছিলেন," ফলাক বলেন, "কিন্তু এখন তিনি একটু দ্বিধাগ্রস্ত এই ভেবে যে, এত নতুন শক্তির এই জাগরণ তার জীবনে কীভাবে প্রভাব ফেলবে।"

সভ্যতা এবং ক্যাথারসিস

যদি আমরা প্রতিটি শিশুকে শিক্ষার পাশাপাশি এই ক্যাথারসিস শেখাতে পারি, তাহলে পৃথিবীতে পাগলের সংখ্যা ব্যাপকভাবে হ্রাস পেতে পারে। পাগলামির ধারণাটিই নির্মূল করা যেতে পারে। কিন্তু এটি প্রতিদিন বৃদ্ধি পাচ্ছে, এবং সভ্যতা যত বৃদ্ধি পাবে, ততই এটি বৃদ্ধি পাবে, কারণ সভ্যতা আপনাকে থামতে শেখায়। সভ্যতা আপনাকে জোরে হাসতে, জোরে কাঁদতে, নাচতে বা চিৎকার করতে দেয় না। সভ্যতা সবকিছুকে দমন করে, এবং আপনার ভিতরে যা ঘটতে থাকে তা আটক হয়ে যায়, এবং তারপরে এটি ফেটে যায়, যখন এটি ঘটে, তখন এটি আপনার নিয়ন্ত্রণের বাইরে চলে যায়।

তাই ক্যাথারসিস হল সক্রিয় ধ্যানের প্রথম অংশ, যেখানে এটির প্রকাশ করতে হবে।

-ওশো

জিন খোঁজ তিন পাইয়া

পাগলামি দূর করা

পুরাতন অনুশীলনকারীদের অনেকবার পাগল হতে দেখা গিয়েছে, প্রায়শই উন্মাদনায়। এমনকি একজন পাগলও, যদি সে আমি যে প্রক্রিয়াটি বর্ণনা করছি তার চেষ্টা করে, এক বা দুই মাসের মধ্যে তার পাগলামি দূর হবে। একজন সাধারণ মানুষ এই প্রক্রিয়ার মধ্য দিয়ে কখনও পাগল হতে পারে না, কারণ আমরা পাগলামি দমন করার চেষ্টা করছি না, আমরা এটিকে তাড়িয়ে দেওয়ার চেষ্টা করছি। প্রাচীন আধ্যাত্মিক অনুশীলন হাজার হাজার মানুষকে পাগল করে তুলেছে। আমরা একে ভালো নামে ডাকতাম - কখনও উন্মাদনা, কখনও পরমানন্দ ইত্যাদি - আমরা এটিকে যেকোনও কিছু বলতাম, "ব্যক্তি মাতাল হয়ে গিয়েছে, একজন সাধু হয়ে গিয়েছে, এটি অর্জন করেছে, ওটা অর্জন করেছে।" কিন্তু আসলে ব্যক্তি পাগল হয়ে যেত, এত গভীরভাবে কিছু চাপা পড়ত যে এটি এখন তাদের নিয়ন্ত্রণের বাইরে চলে যেত।

এই প্রক্রিয়ার দ্বিগুণ কাজ রয়েছে। প্রথম কাজ হল ক্যাথারসিস - প্রথম কাজ হল বহিষ্কার। আপনার ভিতরে যে আবর্জনা চাপা পড়ে আছে তা ফেলে দিতে হবে। প্রথমত, আপনাকে হালকা হতে হবে... আপনাকে এত হালকা হতে হবে যে আপনার ভিতরের পাগলামির সমস্ত সম্ভাবনা হ্রাস পাবে, তারপর আপনি নিজের ভিতরে ভ্রমণ করতে পারবেন।

– ওশো

জিন খোঁজা তিন পাইয়া

বিষণ্ণতা এবং গতিশীল ধ্যান

এর চেয়ে উপযুক্ত এবং নীতিগত আর কী হতে পারে, কারণ বিষণ্ণতায় ভুগলে বোঝা যায় যে ব্যক্তি ভেতরে ভেতরে অনেক কিছু

চাপা দিয়ে ফেলেছে। বিষণ্ণতা দমন ছাড়া আর কিছুই নয়। তারা এত বিষণ্ণ হওয়ার কারণ হল তাদের নিজেদের প্রকাশ করার অনুমতি দেওয়া হয়নি। গতিশীল ধ্যান হল অভিব্যক্তি। অবচেতনে যা চাপা দেওয়া হয়েছে তা প্রকাশ করে, মুক্ত করে, ব্যক্তি আরও স্বাধীন, আরও ভারসাম্যপূর্ণ এবং সুস্থ হয়ে উঠবে।

আমরা এটিকে দমন করেছি, ভিতরে সব ধরণের জিনিস চাপা দিয়ে। তারা ভিতরে ফুটছে। আমাদের সমাজে যারা বড় হয়েছে তাদের সকলেরই রাগ, কাম, লোভ, ঈর্ষা এবং প্রতিযোগিতা বমি করার একটি পদ্ধতির প্রয়োজন। আপনি একটি আগ্নেয়গিরির উপর বসে আছেন... এবং এই আগ্নেয়গিরি যেকোনও সময় অগ্ন্যুৎপাত হতে পারে। যদি শুদ্ধ করার সুযোগ দেওয়া হয় - এবং এটিই গতিশীল ধ্যানের সম্পূর্ণ কেন্দ্রবিন্দু - এই আগ্নেয়গিরিটি বিলীন হয়ে যাবে। আপনার মন আরও সুস্থ হয়ে উঠবে।

যখন একটি শিশু রেগে যায়, আমরা বলি, "রাগ করো না," এবং সে তা দমন করতে শুরু করে। ধীরে ধীরে, সেই ক্ষণিকের ঘটনাটি একটি স্থায়ী অভ্যাসে পরিণত হয়। এখন, সে নিজের রাগ প্রকাশ করে না, তবে তার ভেতরে নিশ্চয় রাগের জন্ম হয়। ছোট ছোট জিনিস দমন করে আমরা অনেক রাগ জমা করেছি। রাগ একটি ক্ষণিকের তরঙ্গ; এটি আসে এবং যায়। যদি আপনি এটি প্রকাশ করেন, তবে রাগ করে থাকার কোনও প্রয়োজন নেই। আমি একটি শিশুকে বলব আরও সততার সাথে রাগ করতে। এর গভীরে যান, এটি দমন করবেন না।

আপনি রাগ, কাম, হিংসা, লোভ—সবকিছু জমা করে রেখেছেন। এখন সেই সঞ্চয় আপনার ভেতরে একটি স্নায়বিক রোগে পরিণত হয়েছে। যদি আপনি কোনও দমনমূলক ধ্যান শুরু করেন, তাহলে আপনি কেবল এই আবর্জনাটিকে আরও দমন করবেন, ফেলে দেবেন না। সেই কারণেই আমি ক্যাথারসিস দিয়ে শুরু করি। প্রথমে, আপনি যা দমন করে রেখেছেন তা হওয়ার মতো বের করে দিন, তবেই আপনি পরিণত হবেন।

তাই, আমার ধ্যানে, ক্যাথারসিস অপরিহার্য। সমস্ত আবর্জনা আকাশে ছুঁড়ে ফেলুন। যার উপর আপনি রাগ করছেন তার প্রতি কোনও আপত্তি ছাড়াই আপনার রাগ প্রকাশ করুন। কারণ ছাড়াই

কাঁদুন। কারণ ছাড়াই, কোনও অজুহাত ছাড়াই হাসুন। তাহলে আপনি আপনার জমানো সবকিছু ফেলে দিতে পারবেন। এবং একবার আপনি উপায় খুঁজে পেলে, আপনি সমগ্র অতীতের বোঝা থেকে নিজেকে মুক্ত করতে পারবেন। কয়েক মুহূর্তের মধ্যে, আপনি পুরো জীবনের বোঝা, প্রকৃতপক্ষে জীবনের বোঝা থেকে মুক্তি পাবেন। যদি আপনি আপনার পাগলামি প্রকাশ পেতে দেন, তাহলে আপনি ভেতর থেকে ধুয়ে যাবেন। আপনি সতেজ, পবিত্র হয়ে উঠবেন, যেন আপনি আবার শিশু হয়ে উঠেছেন। এখন, এই পরিষ্কার, নির্দোষ অবস্থায় বসে, আপনি ধ্যান করতে পারেন। এখন, আপনার ধ্যানকে ব্যাহত করার জন্য ভিতরে কোনও পাগল বসে নেই।

পরিষ্কার-পরিচ্ছন্নতাকেই অগ্রাধিকার হওয়া উচিত। অন্যথায়, প্রাণায়াম, যোগাসন এবং যোগ মুদ্রার মাধ্যমে আপনি নিজের পাগলামি দমন করতে থাকবেন। আরও মজার ব্যাপার হল, যখন আপনি সমস্ত আবর্জনা ফেলে দেবেন, তখন বসা স্বয়ংক্রিয়ভাবে হবে। আসন হবে। এটি স্বয়ংক্রিয়ভাবে হবে।

- ওশো

স্বামী রাজা ভারতী (বোম্বে) তাঁর অভিজ্ঞতা বর্ণনা করে বলেন, ১৯৭১ সালের সেপ্টেম্বরে তিনি একদিনের জন্য সক্রিয় ধ্যানে নিযুক্ত ছিলেন। পরের দিন সকালে, তিনি তার শ্রোণীতে তীব্র ব্যথা অনুভব করেন এবং ব্যথা তার কিডনিতে যেতে শুরু করে। তিনি তীব্র ব্যথা এবং মূত্রনালিতে সূঁচের মতো খোঁচা অনুভব করেন।

অনেক চাপ দেওয়ার পর, তিনি প্রস্রাব করেন, এবং অন্যান্য ছোট ছোট টুকরো সহ একটি মটরশুঁটি আকারের পাথর বেরিয়ে আসে। ব্যথা কমে যায়। তিনি প্রচুর পরিমাণে জল পান করতে থাকেন, এবং বাকি কণাগুলিও নির্গত হয়ে যায়।

আমি যখন ওশোকে বললাম, তিনি বললেন, "তুমি সম্পূর্ণতা, পূর্ণ শক্তি এবং অটল বিশ্বাসের সাথে ধ্যান করেছিলে, এবং তাই অসম্ভবকে সম্ভব করে তুলতে সক্ষম হয়েছো। গভীর শ্বাস-প্রশ্বাস এবং শুদ্ধিকরণের প্রক্রিয়ার মাধ্যমে, কেবল সমস্ত চাপা আবেগই নয়, শরীরের বাধাগুলিও মুক্তি পেয়েছিল। এর মধ্যে অলৌকিকতা কোথায়?"

সক্রিয় ধ্যানের মাধ্যমে স্থূলতা, চাপ এবং রাগ থেকে মুক্তি

স্থূলতা: গতিশীল ধ্যানের প্রথম পর্যায়, যেখানে আমরা দ্রুত এবং বিশৃঙ্খলভাবে শ্বাস ছাড়ি এবং শ্বাস নিই, আমাদের শরীরের চর্বি গলে যেতে সাহায্য করে। নিয়মিত গতিশীল ধ্যান অনুশীলনকারী অনেক বন্ধু কোনও ওষুধ বা ডায়েট ছাড়াই তাদের স্থূলতা হ্রাস করেছেন এবং ধ্যান খাদ্যাভ্যাস এবং ঘুম নিয়ন্ত্রণ করে।

মানসিক চাপ: চাপ পুরানো ব্যাধি, অশুভ শক্তি, নেতিবাচকতা থেকে আসে। অর্থাৎ, রাগ, লোভ, আসক্তি, অহংকার, আবেগ, ঘৃণা, ঈর্ষা ইত্যাদি। দ্বিতীয় পর্যায়ে, আমরা আমাদের ব্যাধিগুলিকে বিলীন করে দিই। আপনি যদি প্রতিদিন নিয়মিত ধ্যান করতে থাকেন, তাহলে আপনি নতুন ব্যাধির প্রবেশ সম্পর্কে সতর্ক হয়ে উঠবেন।

ঠিক যেমন প্রতিদিন ঘর ঝাঁট দিলে কোনও ময়লা অবশিষ্ট থাকে না, ঠিক তেমনি যখন আপনি ভেতরের অশুচিতা দূর করতে থাকেন, তখন মন হালকা বোধ করতে শুরু করে এবং কোনও চাপ থাকে না।

স্থূলতার আরেকটি কারণ হল আমরা পাকস্থলীকে এমন একটি ভাণ্ডারে পরিণত করি যেখানে আমাদের আবেগ, রাগ ইত্যাদি অশুচিতা যা আমরা প্রকাশ করতে পারি না, তা পেটে চলে যায় এবং আমরা মোটা হয়ে যাই, এর আরও অন্যান্য কারণও থাকতে পারে। যখন আমরা পরিষ্কারের মাধ্যমে অশুচিতা দূর করতে থাকি, তখন পেট খালি হয়ে যাবে, তারপর অশুচিতা দূর হয়ে যাবে এবং চর্বি গলে যাবে, স্থূলতা কমতে শুরু করবে।

ক্রোধ: তৃতীয় পর্যায়ে, কামের শক্তি "হু" এর দিক দিয়ে কাম কেন্দ্র থেকে নির্গত হয় এবং নাভি কেন্দ্রের দিকে অগ্রসর হতে শুরু করে। আমরা যখন কাম কেন্দ্র থেকে সমস্ত পাপের মূল কারণ (ক্রোধ, লোভ, আসক্তি, অহংকার ইত্যাদি) কামকে মুক্ত করতে শুরু করি, তখন কামের সাথে সাথে এই পাপগুলির বোধগম্যতাও বৃদ্ধি পায়।

বোধগম্যতা বৃদ্ধির সাথে সাথে এই পাপগুলি সম্পর্কে সচেতনতা বৃদ্ধি পায়, এবং তারপরে এই পাপগুলি আর আমাদের বিরক্ত করে না, যেমন এখন করে, এমনকি যখন আমরা প্রতিজ্ঞা সত্ত্বেও রাগ করতে থাকি।

ওশো সক্রিয় ধ্যান বিকাশের মাধ্যমে মানবজাতিকে আশীর্বাদ করেছেন। চেতনা বিকাশের পাশাপাশি, আপনি স্থূলতা এবং মানসিক চাপের মতো ব্যাধি থেকে মুক্ত থাকতে পারেন, আনন্দময় জীবনযাপন করতে পারেন, এবং আমি আপনাকে সক্রিয় ধ্যানের গোপন রহস্যের সাথে পরিচয় করিয়ে দেওয়ার চেষ্টা করেছি। আপনি যদি সঠিকভাবে ধ্যান করতে শেখেন, তবে এটি অত্যন্ত কার্যকর হয়ে উঠবে। একটি দলের সাথে অনুশীলন করতে শিখুন। যদি একটি দল উপলব্ধ না হয়, তাহলে প্রথম ধাপটি ২-৩ মিনিটের জন্য অনুশীলন করুন, তারপর আপনার হাত এবং পা ৩-৪ মিনিটের জন্য নাড়াচাড়া করুন, তারপর ৩-৫ মিনিটের জন্য চুপচাপ দাঁড়িয়ে থাকুন। এই অনুশীলনটি একটি ধাপ হিসেবে কাজ করবে। যত তাড়াতাড়ি সম্ভব, একটি দলের সাথে, একটি ধ্যান শিবির বা আশ্রমে ধ্যান শিখুন। যদি আপনার সংকল্প দৃঢ় হয়, তাহলে আপনি শীঘ্রই সঠিকভাবে ধ্যান করতে শিখবেন। যান্ত্রিক না হওয়ার বিষয়ে সতর্ক থাকুন। যারা দ্বিতীয় বা তৃতীয় ধাপে বাড়ির বাইরে মুখ থেকে আওয়াজ নির্গত করতে পারেন না, তার যদি বাড়িতে একা অনুশীলন করে এবং আশেপাশের পরিবেশ এমন হয়, তাহলে দ্বিতীয় ধাপে তাদের শরীরকে শিথিল করতে হবে এবং তৃতীয় ধাপে অভ্যন্তরীণভাবে 'হু' জপ শুরু করতে হবে।

শুভেচ্ছা সহ।

- স্বামী আনন্দ সত্যার্থী

প্রতিটি ধ্যানের পর, যখন আপনি উদযাপন করবেন, তখন করুণা অনুভব করুন। শুধু নিজের শক্তি অনুভব করুন, মানুষকে সাহায্য করার জন্য, তাদের চাহিদা যাই হোক না কেন। এটিকে প্রবাহিত হতে দিন। আপনি স্বস্তি পাবেন এবং মুক্ত, শান্তিপূর্ণ বোধ করবেন, এবং আপনার তরঙ্গগুলি বহু মানুষকে সাহায্য করবে। সর্বদা আপনার ধ্যানের সমাপ্তি করুণার সাথে করুন। এবং করুণা নিঃশর্ত। করুণা

তাদের মধ্যে সীমাবদ্ধ থাকতে পারে না যারা আপনার বন্ধু, অথবা কেবল তাদের মধ্যে সীমাবদ্ধ থাকতে পারে না যারা আপনার আত্মীয়।

—ওশো

"দ্য লোটাস অফ মেডিটেশন" বইটিতে ওশো বলেছেন, "ধ্যানে প্রবেশকারী সকল সাধকের জন্য এটা জেনে রাখা দরকারী যে যাই ঘটুক না কেন, তাদের যে অভিজ্ঞতাই হোক না কেন, সেই অভিজ্ঞতাকে অহংকারের খাদ্য হতে দেবেন না। নিজেকে বিশেষ মনে করার কারণ এটি নয়। যে মুহূর্তে আমরা বিশ্বাস করি যে আমরা বিশেষ কিছু হয়ে উঠেছি - কারণ আমরা আলো দেখেছি, কারণ আমরা শক্তি বৃদ্ধি অনুভব করেছি, কারণ আমরা ঈশ্বরের উপস্থিতি অনুভব করেছি - যে মুহূর্তে আমরা বিশ্বাস করি যে আমরা বিশেষ কিছু অর্জন করেছি, আমরা অহংকে খাওয়ানো শুরু করি। এবং যে মুহূর্তে কোনও অর্জন অহংকারের সাথে যুক্ত হয়ে যায়, তখন এগিয়ে যাওয়ার যাত্রা বাধাগ্রস্ত হয়। যখন কিছু অবরুদ্ধ হয়, তখন আপনি একই জায়গায় থাকতে পারবেন না; আপনি দ্রুত পিছিয়ে পড়বেন।"

ওশো - এক পরিচয়

বুদ্ধপুরুষদের অমৃত ধারায় ওশো হলেন এক আলোকিত সত্তা, অমৃতসদৃশ স্রোতের এক নতুন সূচনা। তিনি কোনও অতীত ধর্মীয় ঐতিহ্য বা শৃঙ্খলের যোগসূত্র নন। ওশো একটি নতুন যুগের সূচনা করেন এবং তাঁর সাথে সময় দুটি স্বতন্ত্র অংশে বিভক্ত: ওশো-পূর্ব এবং ওশো-পরবর্তী।

ওশোর আগমন একটি নতুন মানুষ, একটি নতুন পৃথিবী, একটি নতুন যুগের সূচনা করেছে, যার ভিত্তি কোনও অতীত ধর্মে নয়, কোনও দার্শনিক ব্যবস্থায় নয়। ওশো হলেন নবস্নাত ধার্মিকতার প্রথম পুরুষ, একজন সম্পূর্ণ অনন্য আলোকিত রহস্যময়।

ওশো হলেন একটি নতুন মানুষ, একটি নতুন মানবতার উদ্ভাবন। ওশোর এই নতুন মানুষ, 'জোরবা দি বুদ্ধ' হলেন এমন একজন মানুষ যিনি জোরবার মতোই জানেন কীভাবে বস্তুগত জীবনকে পুরোপুরি উপভোগ করতে হয় এবং যিনি গৌতম বুদ্ধের মতো নীরব ধ্যানে সক্ষম - এমন একজন মানুষ যিনি বস্তুগত এবং আধ্যাত্মিক উভয় দিক

থেকেই সমৃদ্ধ। 'জোরবা বুদ্ধ' হলেন একজন সামগ্রিক এবং অবিভক্ত মানুষ। ওশোর এই নতুন মানুষটিই ভবিষ্যতের একমাত্র আশা, তাকে ছাড়া পৃথিবীর কোনও ভবিষ্যৎ অবশিষ্ট নেই।

তাঁর বক্তৃতার মাধ্যমে, ওশো মানব চেতনার বিবর্তনের প্রতিটি দিক আলোকিত করেছিলেন। বুদ্ধ, মহাবীর, কৃষ্ণ, শিব, শাণ্ডিল্য, নারদ, যীশু, এবং আধ্যাত্মিক আকাশের অসংখ্য জ্যোতিষ্কের উপর তাঁর হাজার হাজার বক্তৃতা পাওয়া যায়, যার মধ্যে আদি শঙ্করাচার্য, গোরখ, কবীর, নানক, মালুকদাস, রায়দাস, দরিয়াদাস, মীরা এবং অন্যান্যরা রয়েছেন।

জীবনের এমন কোনও দিক নেই যা সম্পর্কে তিনি বক্তৃতা দেননি। তিনি যোগ, তন্ত্র, তাও, জেন, হাসিদবাদ এবং সুফিবাদের মতো বিভিন্ন আধ্যাত্মিক ঐতিহ্যের গভীর রহস্যগুলিকে বিশদভাবে আলোকিত করেছেন। রাজনীতি, শিল্প, বিজ্ঞান, মনোবিজ্ঞান, দর্শন, শিক্ষা, পরিবার, সমাজ, দারিদ্র্য, জনসংখ্যা বিস্ফোরণ, পরিবেশ, সম্ভাব্য পারমাণবিক যুদ্ধ এবং সর্বোপরি, এইডস মহামারীর বৈশ্বিক সংকট সহ অসংখ্য বিষয়ের উপর তাঁর জীবনের বৈপ্লবিক দৃষ্টিভঙ্গি পাওয়া যায়।

শিষ্য এবং সাধকদের দেওয়া এই বক্তৃতাগুলি ছয় শত পঞ্চাশেরও বেশি বইতে প্রকাশিত হয়েছে এবং ত্রিশটিরও বেশি ভাষায় অনুবাদ করা হয়েছে। তিনি বলেন, "আমার বার্তা কোনও তত্ত্ব নয়, দর্শন নয়। আমার বার্তা একটি রসায়ন, রূপান্তরের বিজ্ঞান।"

ওশোর জন্ম ১৯৩১ সালের ১১ ডিসেম্বর মধ্যপ্রদেশের কুচওয়াড়ায়। ১৯৫৩ সালের ২১ মার্চ তাঁর জীবন পরম জ্ঞানের সাথে বিস্ফোরিত হয়; তিনি জ্ঞানলাভ করেন। ১৯ জানুয়ারি ১৯৯০ সালে ওশো কমিউন ইন্টারন্যাশনালে তিনি পরলোক গমন করেন।

ওশোর সমাধিতে স্বর্ণাক্ষরে খোদাই করা আছে:

OSHO

Never Born

Never Died

Only Visited this

Planet Earth between

Dec-11 1931–Jan-19 1990

ধ্যান ও সৃষ্টির এই অনন্য নব্য-সন্ন্যাস উপবন, ওশো কমিউন, এমনকি ওশোর শারীরিক অনুপস্থিতিতেও, সমগ্র বিশ্বের কাছে আকর্ষণের এত শক্তিশালী চৌম্বকীয় কেন্দ্র হিসেবে রয়ে গিয়েছে যে নতুন মানুষ এখানে ক্রমাগত আত্ম-রূপান্তর এবং ওশোর তীব্র, প্রাণবন্ত উপস্থিতিতে নিমজ্জিত হওয়ার জন্য আসছে।

একটি আমন্ত্রণ

ওশোর বক্তৃতা পড়া এবং শোনা আপনা থেকেই এক আনন্দ প্রদান করে। এর মাধ্যমে, আপনি আপনার জীবনে এক অভূতপূর্ব বিপ্লবের পদচিহ্ন শুনতে পাবেন। কিন্তু এটি কেবল শুরু, একটি শুভ সূচনা। এই বক্তৃতাগুলি পড়ার সময়, আপনি অবশ্যই বুঝতে পেরেছেন যে ওশোর মূল বার্তা হল: ধ্যান। শুধুমাত্র ধ্যানের ভূমিতেই প্রেম, আনন্দ এবং উদযাপনের ফুল ফোটে। ধ্যান একটি আমূল বিপ্লব।

নিশ্চয়ই আপনিও চান, আপনার জীবনে এমন একটা আমূল বিপ্লব ঘটুক, আপনিও এমন একটা পরিবেশ তৈরি করতে চান যেখানে আপনি নিজের সাথে পরিচিত হতে পারবেন, আত্ম-উপলব্ধির দিকে কিছু পদক্ষেপ নিতে পারেন, এমন একটা জায়গা যেখানে অন্য কিছু মানুষও এই দিকে এগিয়ে যাচ্ছে।

পুনেতে ওশো একই রকম ধ্যানমূলক, উদযাপনমূলক শক্তিক্ষেত্র তৈরি করেছিলেন: ওশো কমিউন ইন্টারন্যাশনাল। এখানে, হাজার হাজার মানুষ ওশোর উপস্থিতিতে ধ্যানের গভীরতা স্পর্শ করতে সক্ষম হয়েছেন। ক্রমাগত ধ্যানের মাধ্যমে, এই স্থানটি ধ্যানের এত ঘন শক্তিতে আচ্ছন্ন হয়ে পড়েছে যে আজও, ওশোর মৃত্যুর পরে, আপনি ওশোর উপস্থিতি অনুভব করতে পারবেন এবং তাঁর শক্তিতে স্পন্দিত এই বুদ্ধক্ষেত্রে নিজেকে রূপান্তর করতে পারবেন।

ধ্যানের জন্য প্রতিটি স্থানের নিজস্ব তাৎপর্য রয়েছে। সেই কারণেই, অতীতে, তীর্থস্থান, মন্দির, মসজিদ এবং আশ্রম তৈরি করা হতো। এর অর্থ হল যে এমন একটি স্থান যেখানে কেবল পূজা, প্রার্থনা এবং ধ্যান করা হয় এবং তার পরিবেশ আলাদা। পুনে ছাড়াও, ভারতে আরও

অনেক ধ্যান কেন্দ্র রয়েছে যেখানে ওশোর দ্বারা সৃষ্ট ধ্যান অনুশীলন ভোর থেকে সন্ধ্যা পর্যন্ত পরিচালিত হয়।

আরও তথ্যের জন্য, oshoworld.com-এ লগ ইন করুন। ওশো বলেছিলেন, "বিশ্বজুড়ে আমার সমস্ত ছোট ছোট কমিউন, আশ্রম এবং ধ্যান কেন্দ্রগুলি ছোট ছোট বুদ্ধক্ষেত্রে পরিণত হবে। আমাদের অবশ্যই সমগ্র পৃথিবীকে বুদ্ধক্ষেত্রে পূর্ণ করতে হবে। আমাদের অবশ্যই বুদ্ধক্ষেত্রের একটি শৃঙ্খল তৈরি করতে হবে।"

লেখক পরিচয়

স্বামী আনন্দ সত্যার্থী (অধ্যাপক সৎপাল পারুথি, চাভক, রেইকি গ্র্যান্ডমাস্টার) ১৯৭৪ সালের জুন মাসে পুনা আশ্রমে অনুষ্ঠিত প্রথম ১০ দিনের ধ্যান কোর্সে ওশো কর্তৃক সন্ন্যাস দীক্ষা লাভ করেন।১৯৭১ সালের ফেব্রুয়ারি থেকে ১৯৯৮ সালের জানুয়ারি পর্যন্ত হরিয়ানা কৃষি বিশ্ববিদ্যালয়, হিসারে কর্মরত ছিলেন। ১৯৭৭ সাল থেকে, তিনি ভারতজুড়ে বিভিন্ন ধ্যান কেন্দ্র দ্বারা আয়োজিত ধ্যান কোর্স পরিচালনা করে আসছেন এবং বিভিন্ন সংস্থা দ্বারা আয়োজিত সেমিনারে ওশোর শিক্ষার উপর মূল বক্তা হিসেবে আমন্ত্রিত হয়েছেন।

১৯৮৪ এবং ১৯৮৫ সালে রজনীশপুরমে (মার্কিন যুক্তরাষ্ট্র) অনুষ্ঠিত বার্ষিক উৎসবে অংশগ্রহণ করেন। রেইকি গ্র্যান্ডমাস্টার হিসেবে প্রশিক্ষণের মাধ্যমে অনুপ্রাণিত হয়ে, তিনি ওশোর শিক্ষার উপর ভিত্তি করে "ধ্যান শক্তির মাধ্যমে স্পর্শ থেরাপি" গ্রুপ তৈরি করেন।